MARCO POLO

MALEDIVEN

> Die Malediven sind der perfekte Rückzugsort, um die Seele baumeln zu lassen.
> *MARCO POLO Autor*
> *Heiner F. Gstaltmayr*
> (siehe S. 135)

W0191234

Spezielle News, Lesermeinungen und Angebote zu den Malediven:
www.marcopolo.de/malediven

MALEDIVEN

Akirifushi · Helegeli

Huraa

✈ Malé A
(Kaafu

Malé

Embudhu Finolhu

South Male
Atoll

aalhohi · Olhuveli

Fulidhoo Kandu
Fulidhoo · Felidhoo A
(Vaavu Atoll)

> SYMBOLE

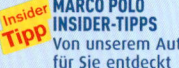

**MARCO POLO
INSIDER-TIPPS**
Von unserem Autor
für Sie entdeckt

⭐ **MARCO POLO
HIGHLIGHTS**
Alles, was Sie auf den
Malediven kennen
sollten

☼ **SCHÖNE AUSSICHT**

📶 **WLAN-HOTSPOT**

▶▶ **HIER TRIFFT SICH
DIE SZENE**

> PREISKATEGORIEN

HOTELS HAUPTSAISON
€€€ über 500 Euro
€€ 250–500 Euro
€ unter 250 Euro
Die Preise gelten pro Nacht
für zwei Personen im Doppel-
zimmer inklusive Halbpension

HOTELS NEBENSAISON
€€€ über 450 Euro
€€ 250–450 Euro
€ unter 250 Euro
Im Rahmen von Pauschalreisen liegen die Zimmerpreise
deutlich niedriger

> KARTEN

[112 A1] Seitenzahlen und
Koordinaten für de
Reiseatlas Maledi
[U A1] Koordinaten für d
Malé-Karte im
hinteren Umschlag
[0] außerhalb des
Kartenausschnitts

Zu Ihrer Orientierung sind
auch die Objekte mit Koord
naten versehen, die nicht i
Reiseatlas eingetragen sind

INHALT

> SZENE

S. 12–15: Trends, Entde-
ckungen, Hotspots! Was
wann wo auf den Male-
diven los ist, verrät der
MARCO POLO Szeneautor
vor Ort

> 24 STUNDEN

S. 92/93: Action pur und
einmalige Erlebnisse in
24 Stunden! MARCO POLO
hat für Sie einen außer-
gewöhnlichen Tag auf
Baros und Male' zusam-
mengestellt

> LOW BUDGET

Viel erleben für wenig Geld!
Wo Sie zu kleinen Preisen
etwas Besonderes genießen
und tolle Schnäppchen
machen können:

Auf der Hauptstadtinsel
preiswert satt werden S. 50

> GUT ZU WISSEN

Was war wann? S. 10 | Ge-
jagte Jäger S. 19 | Speziali-
täten S. 26 | Blogs & Foren
S. 36 | Aktiver Naturschutz
S. 75 | Bücher & Filme S. 84
| Millimeterarbeit S. 87

AUF DEM TITEL
Faszinierende Begegnungen
mit Meeresschildkröten
S. 13
Schattige Inselumrundung:
Per pedes um Kuramathi
S. 78

ENTDECKEN SIE DIE MALEDIVEN!

Unsere Top 15 führen Sie an die traumhaftesten Orte und zu den spannendsten Sehenswürdigkeiten

Die Highlights sind in der Karte auf dem hinteren Umschlag eingetragen

 Baros
Die Disko von einst gibt's nicht mehr – dafür Livemusik und manchmal sogar Livejazz (Seite 37)

 Huvafenfushi
Hier hat jeder Luxusbungalow seinen eigenen, privaten Strandabschnitt (Seite 42)

 Vabbinfaru
Exklusivität hat ihren Preis – aber dafür ist man im Banyan Tree wirklich unter sich (Seite 52)

 Cocoa Island
Hier können Sie in einem Dhoni schlafen – mit allem Komfort, versteht sich (Seite 55)

 Embudhu Finolhu
Hotelkomfort nach indischer Tradition im Taj Lagoon – am schönsten sind die Wasservillen (Seite 59)

 Mahaana Elhi Huraa
Komfort ist nicht alles, aber sonst stimmt im Rihiveli Beach Resort das Preis-Leistungs-Verhältnis (Seite 61)

 Vaadhoo
Das Hausriff findet man direkt an der Insel – unzählige farbenprächtige Fische warten auf Taucher und Schnorchler (Seite 63)

 Bathala
Ambitionierte Taucher treffen sich mit Schnorchlern schon am Hausriff (Seite 69)

>DIE BESTEN MARCO POLO HIGHLIGHTS

 Dhidhoofinolhu
Nicht weniger als 15 tolle Tauchreviere liegen in der näheren Umgebung der Insel – da lohnt sich der PADI-Kurs gleich zu Anfang (Seite 70)

 Maayaafushi
Auch nach der Renovierung des Resorts hat die Insel ihren besonderen, fast ursprünglichen Charakter bewahrt (Seite 72)

 Mishimas Mighili
Ungestört genießen – Exklusivität für zwölf Gäste (Seite 75)

 Kuramathi
Hier gibt es nicht weniger als sieben Restaurants – der Gast hat die Qual der Wahl (Seite 78)

 Dhunikolhu
Herrliche Natur, breite Strände und eine tiefe Lagune – was braucht man mehr für einen erholsamen Urlaub? (Seite 81)

 Kanu Huraa
Formel-1-Weltmeister Michael Schumacher war mit seiner ganzen Familie schon da – und wann kommen Sie? (Seite 86)

 Tauchen
Das Erkunden der vielgestaltigen Unterwasserwelt des Indischen Ozeans ist die Attraktion der Malediven schlechthin. Wenn Sie es nicht wenigstens einmal versuchen, verpassen Sie wirklich etwas! (Seite 96)

WAS FÜR INSELN!

Kurumba, Nord-Male'-Atoll

> Da unten liegen sie. Schon aus dem Flugzeugfenster schaut man wortlos staunend auf die fragilen Gebilde der kleinen Inselchen hinab. Der Indische Ozean verliert sein tiefes Blau, runde, ovale und lang gezogene Inseln tauchen auf. Das Meer offenbart fein abgestufte Blautöne – von zartem Blaugrün über Türkis bis zu mächtigem Azurblau. Silbrig glänzende Wellen brechen sich an den Riffkanten, grüne Palmen wiegen sich im Wind. Man könnte ins Schwärmen geraten über die zauberhafte Vielgestalt der Inselkette vor dem Indischen Subkontinent. Reif für die Insel? Kommen Sie doch einfach mit!

> Runde Inseln gibt es auf den Malediven zuhauf, aber auch sichelförmige, ovale und was die Geometrie der Natur sonst noch hervorbringt. Groß sind sie alle nicht, und so kann sich jeder Gast auf „seiner" Insel fast wie Robinson fühlen. Wer heute hier strandet, kann sich allerdings ganz dem Müßiggang hingeben – an goldenen Stränden in der Sonne liegen, in grünen Lagunen schnorchelnd die phantastische Unterwasserwelt erkunden, in eleganten Spa- und Wellnessanlagen exklusiver Resorts relaxen oder unter Palmen exotische Drinks und Köstlichkeiten genießen.

Der arabische Weltenbummler Ibn Battuta kam um 1340 auf die Inseln, auf denen es ihm so gut gefiel, dass er dort für einige Jahre als Rechtsgelehrter wirkte. Andere kamen als Schiffbrüchige. Zu einer Zeit, als es noch keine exakten Seekarten gab, bildete die Inselkette vor dem Indischen Subkontinent ein tückisches Hindernis. Manchmal gestatteten die Insulaner den Gestrandeten, ihre

Schiffe zu reparieren und weiterzusegeln. Es soll aber andere gegeben haben, die man dabehielt.

Heute wäre mancher froh, würde man ihm ein unbegrenztes Aufenthaltsrecht auf den Malediven gewähren. Doch das ist nicht so einfach: Zehn Jahre lang müssen sich Ausländer von Visum zu Visum hangeln, bevor sie eine Aufenthaltserlaubnis beantragen können. Und: Wer Bürger

> Hektik und Stress sind Fremdworte

der Malediven werden möchte, muss dem moslemischen Glauben anhängen. Die sunnitischen Moslems der Malediven pflegen aber eine gelockerte Form des Islam. Ihnen genügen meist drei statt fünf Gebete am Tag. Leben und leben lassen – es scheint, als hätten die Malediver diese Weisheit verinnerlicht.

Kinder auf einer Einheimischen-Insel im Felidhoo-Atoll

Das Leben der Insulaner aus der Nähe zu beobachten ist freilich schwierig. Die Regierung sieht Kontakte zwischen Touristen und Einheimischen nicht gern. Deshalb sind nur wenige der etwa 200 bewohnten Inseln für den Besuch freigegeben, für die anderen benötigt man eine Genehmigung. Und weil die nur selten erteilt wird, bleiben die Touristen ebenso unter sich wie die Malediver. Besondere Sehenswürdigkeiten besitzt ohnehin nur die Hauptstadt Male'. Lohnend ist aber ein Inselspaziergang durch die breiten, sandgestreuten Straßen, an denen sich die Häuser mit geweißten Fassaden reihen. Sie sind aus einem Korallensand-Zement-Gemisch gebaut und oft von einer Mauer umgeben. Dahinter befindet sich meist ein kleiner Innenhof, in dem an Schatten spendenden Palmen die typische Schaukel aus geflochtenen Sisalseilen hängt. Hier ist der Treffpunkt für die Familie, hier verbringt man die heißesten Stunden des Tages, manchmal bei einer Wasserpfeife. Jede Palme, jedes Fleckchen Land gehört übrigens dem Staat – privates Eigentum gibt es so gut wie nicht. Die Regierung ist aber großzügig: Will ein Malediver ein Haus bauen, erhält er ein Stück Land, muss aber binnen eines Jahres mit dem Bau begonnen haben. Das ist die Ursache dafür, dass man auf vielen Einheimischeninseln nur die Grundmauern eines Hauses sieht. Vielleicht legt der Bauherr eine Atempause ein. Die Mittel zum Hausbau erwerben sich viele Malediver durch den Handel mit Kokosnüssen.

> ## Kokosnüsse, Fischfang und Tourismus

Der Staat teilt jeder Familie so viele Bäume zu, wie sie für ein einigermaßen sorgenfreies Leben benötigt.

Was Allgemeinbildung angeht, nehmen die Malediver in Südasien eine vorbildliche Rolle ein, die Zahl der Analphabeten ist gering. Doch was kommt danach? Wer es sich leisten kann, geht im Ausland auf eine höhere Schule. Sind die Taschen der Eltern weniger gefüllt, bleibt die Polytechnische Schule, eine Art Fachhochschule auf Male' mit Internat. Berufliche Perspektiven gibt es fast nur im Tourismus. Bis vor wenigen Jahren war es Männern vorbehalten, auf den Hotelinseln zu arbeiten, jetzt sieht man auch weibliche Wesen hinter der Rezeption. Eine maledivische Form der Emanzipation? Es bleibt unverkennbar, dass Frauen es immer noch schwer haben. Die nach islami-

WAS WAR WANN?

4./5. Jh. v. Chr. Tamilen aus Indien besiedeln die Malediven, spätere Einwanderer aus Sri Lanka bringen den Buddhismus auf den Archipel

2. Jh. n. Chr. Claudius Ptolemäus erwähnt Inseln, die eine große Ähnlichkeit mit den Malediven aufweisen

8./9. Jh. Auf dem Weg nach Asien zerschellen etliche (vermutlich) phönizische Schiffe an den kartografisch nicht erfassten Riffen

11./12. Jh. Arabische Reisende berichten von den Malediven

Um 1100 Der Araber Yusuf-al-Barbary bringt den Islam auf die Malediven

1153 Mit dem Islam beginnt eine neue Zeitrechnung. Erster Sultan wird Mohammed Ibn Abdullah

Um 1340 Der arabische Weltreisende Ibn Battuta lebt 2 Jahre auf den Malediven

1558 Portugiesen übernehmen die Macht und werden 1573 wieder vertrieben

1932 Das absolutistische Sultanat wandelt sich zur konstitutionellen Wahlmonarchie

1939–45 Auf Gan (Addu-Atoll) dürfen die Briten eine Luftwaffenbasis errichten

1.1.1953 Einführung der Demokratie; erster Präsident: Amin Didi

1954 Amin Didi wird erschossen

26.7.1965 England entlässt die Malediven in die Unabhängigkeit, behält aber bis 1976 den Stützpunkt auf Gan

1972 Das erste Touristenresort (Kurumba) wird eröffnet

2002 Die Regierung erlässt ein Fangverbot für Haifische

2004 Am 26. Dez. löst ein Seebeben vor Indonesien einen Tsunami aus, der auch die Malediven trifft

schen Grundsätzen geformte Gesellschaft gestattet es Männern, bis zu fünf Ehefrauen gleichzeitig zu haben (was jedoch aus Kostengründen immer weniger möglich ist). Solche Traditionen zu verändern, steht auch nicht auf der Agenda der Regierung, der seit 1978 Maumoon Abdul Gayoom vorsteht. Denn es ist nicht gelungen, neben Tourismus und Fischfang ein weiteres wirtschaftliches Standbein aufzubauen. Es gibt zwar einige verlängerte Werkbänke für die Textilfabriken des nur eine Flugstunde entfernten Sri Lanka, ansonsten ist man froh, wenn der Ernährer der Familie eine Anstellung auf einer Hotelinsel findet. In jüngster Zeit gibt es verstärkt Proteste gegen Gayoom, der die missliebige Opposition nur durch eine rigide Politik im Zaum zu halten vermag.

Doch davon werden Sie als Besucher in der Regel nicht viel mitbekommen. Umso mehr dafür von der herrlichen Natur und der einzigartigen Unterwasserwelt der Malediven. Über die Entstehung von Atollen (das Wort stammt aus der maledivischen Sprache und heißt dort *atolhu*) gibt es die Theorie des Meeresforschers Hans Hass, dass die Entstehung der Malediven auf dem Korallenwachstum an einem vulkanischen Bergrücken in etwa 2000 m Tiefe basiert, möglicherweise ein Überbleibsel eines der Urkontinente Lauresia und Gondwana. Der Jahrtausende dauernde Prozess des Korallenwachstums benötigt drei Voraussetzungen: Licht, frisches Wasser, konstante Wassertemperaturen. Dabei bilden sich kegelförmige Korallenstöcke, deren höchste Stellen allmählich absterben, weil sie nicht

> **Einzigartige Unterwasserwelt**

mehr genügend frisches Meerwasser erhalten. Dagegen wachsen die Ränder in die Höhe und überragen

seln maximal 3 m über den Meeresspiegel hinausragen, sind Stürme gefürchtet. Auch auf Hotelinseln sind die Spuren der Erosion sichtbar: Sand wird weggespült, der dann von anderen Inseln wieder herbeigeholt wird, um die Strände zu erhalten. Der Anstieg des Meeresspiegels gibt jedoch Anlass zu der Befürchtung, dass

Der schmucke Sultanspalast beherbergt das Büro des Staatspräsidenten

schließlich das Zentrum, um das herum sich eine Lagune bildet. Die Inseln innerhalb eines Atolls entstehen ähnlich, man könnte sie also als kleine Atolle bezeichnen.

Atolle wie Inseln sind ständigen Veränderungen unterworfen, deshalb lässt sich die genaue Anzahl auch nicht bestimmen. Umwelteinflüsse spielen eine große Rolle. Da die In-

den Malediven ein nahes Ende bevorsteht. Die Probleme wurden beim Tsunami im Dezember 2004 deutlich, als einige Inseln fast vollständig überflutet wurden.

Und was sollten Sie auf die Malediven mitnehmen? Eigentlich genügen Badehose, Shorts und T-Shirts, Flossen, Schnorchel und die Bücher, die Sie schon lange lesen wollten.

▶▶ WAS IST ANGESAGT?

Trends, Entdeckungen und Hotspots. Unser Szene-Scout zeigt Ihnen, was auf den Malediven los ist

Ulrike Kloiber

liebt das Meer und alles, was darin lebt. Deshalb sind die Malediven der ideale Ort für die Meeresbiologin. Dort begleitet sie Gäste auf Tauchgängen und erklärt ihnen die Besonderheiten des hochsensiblen Ökosytems der Korallenriffe. In ihrer Freizeit erkundet unser Szene-Scout die neuesten Trends auf den Inseln und in der Hauptstadt. Vor allem die lebendige Musikszene hat es ihr angetan.

▶▶ INSELKLÄNGE

Musik aus dem Paradies

Wer denkt, die einheimische Musikszene wäre abgeschottet und bestünde nur aus Folklore, liegt falsch! Bands wie *Fasy* oder DJs wie Ravin sind nicht nur auf den Inseln echte Größen, sondern weit darüber hinaus bekannt. Ravin gastiert zum Beispiel regelmäßig in Großbritannien, Singapur und anderen asiatischen Städten und sorgt mit elektronischen Klängen für den perfekten Chillout. Infos zu Auftritten gibt's unter *www.musicinmaldives.com*. Der populärste Sänger der Malediven ist Fazy Rashaad, der auch schon einige CDs veröffentlicht hat. Die Locals lieben seine etwas schwermütigen Songs über die Inseln. Seine Auftritte erlebt man in den verschiedensten Resorts.

ISZENE

▶▶ TRAUTE ZWEISAMKEIT

Ungewöhnlich heiraten

Abseits von Standesamt & Co wird auf den Maledi-ven die außergewöhnliche Hochzeit zelebriert. Das Motto: je abgefahrener und romantischer, desto besser. Wo sonst kann man zum Beispiel abtauchen und zugleich „Ja" sagen? Möglich ist die Hochzeit unter Wassser zum Beispiel auf den Inseln Medhi Finolhu und Lankanfushi im Nord-Male'-Atoll und Dhunikolhu im Baa-Atoll. Die romantische Alterna-tive: Heiraten auf einer kleinen Sandbank mitten im Indischen Ozean. Diesen Traum ma-chen unter anderem *Kanu Huraa (www.kanuhuraa.com)* und das *Angsana Resort & Spa Maldives Ihuru (www.angsana.com,* Foto) wahr. Wer vom Heiraten nicht genug kriegen kann, ist hier ebenfalls richtig. Da die Zeremonien symbolischen Charakter haben, können Romantikfans heiraten, so oft sie wollen.

▶▶ GO GREEN

Im Dienste von Flora und Fauna

Immer mehr Malediver achten auf den Einklang zwischen Urlaub und Natur. Besonderen Schutz genießen die Meeres-schildkröten auf dem Nord-Male'-Atoll. Nach dem Schlüpfen werden sie in Aufzuchtstationen betreut, bis sie ins offene Meer ausgesetzt werden können. Abdul Azeez Abdul Ha-keem, Leiter der Marinestation, denkt schon weiter und möchte die Schildkröten mit GPS-Sendern ausstatten, um den Weg der Tiere zu verfolgen *(www.banyantree.com,* Foto).

Ebenso wird versucht, das geschädigte Korallen-wachstum zu beschleunigen: Kleine Korallen werden am Riff ausgesetzt und mit Schwachstrom zum Wachstum an-geregt. Das Resort *Huvafenfushi* bietet seinen Gästen Pa-tenschaften an. Wer helfen möchte, adoptiert für 40 US-Dol-lar eine Koralle, die am Hausriff ausgesetzt wird und dort weiter wächst. Der Erlös wird für weitere meeresbiologische Projekte verwendet *(nur für Gäste, www.huvafenfushi.com).*

▶▶ NITROXTAUCHEN

Mehr Spaß unter Wasser

Der Inselstaat im Indischen Ozean ist ein Tauchparadies, und Unterwassersportler sind immer auf der Suche nach neuen Kicks. Der aktuellste Trend: Nitroxtauchen. Das Besondere dabei ist, dass man mit einem Sauerstoff-Stickstoff-Gemisch taucht, wobei der Sauerstoffanteil höher als 21 Prozent liegen muss. Das ermöglicht längere Tauchgänge und vermeidet Dekompressionsstopps beim Wiederauftauchen. Lust auf Nitroxtauchen bekommen? Bei Werner Lau *(Filitheyu, Meedhufushi, www.wernerlau.com)* und dem *Ocean-Pro Dive Team* kann man das neue Tauchgefühl ausprobieren *(u.a. Coco Palm Bodu Hithi, Veligandu, Lily Beach, Mirihi www.oceanpro-diveteam.com, Foto)*. Thomas Meyer leitet die Tauchbasis auf Thulaagiri im Nord-Male'-Atoll. Wer mit ihm taucht, bekommt Schildkröten, Schwarzspitzenriffhaie und evtl. Mantarochen zu sehen *(Sub AquaDivecenter, http://212.66.3.219/kunden/13/index.php)*.

▶▶ HIMMLISCH

Eine Sandbank zu zweit

Der Traum von der einsamen Insel wird wahr: Hotels wie das *One & Only Reethi Raa (Medhi Finolhu, Nord-Male'-Atoll, www.oneandonly resorts.com)* und das *Soneva Gili (Lankanfushi, Nord-Male'-Atoll, www. sixsenses.com/soneva-gili)* bieten ih-

ren Gästen Luxus und Romantik pur und shippern Verliebte zu kleinen verlassenen Sandbänken. Ein Butler serviert auf Wunsch Champagner und Kaviar, und wenn die Dämmerung hereinbricht, zaubern Kerzen Kuschelstimmung. Das *Coco Palm Dhunikolhu (Baa-Atoll, www.cocopalm.com)* setzt Romantiker zum Sternschnuppenzählen auf einer verlassenen Insel ab. Zu zweit mitten im Ozean in einer Strandhütte übernachten und einmal echtes Robinson-Crusoe-Feeling mit seinem Liebsten genießen? Die Dream Island Trips vom *Conrad Maldives Rangali Island* sind die perfekte Gelegenheit dazu *(Süd-Ari-Atoll, www.conradhotels.com, Foto)*.

▶▶ ENTSPANNT!

Exotische Wellnessbehandlungen

Spas verwöhnen mit dem besten, was die Natur zu bieten hat. Die Anwendungen sind exotisch, allen voran das *Banyan Tree Spa Vabbinfaru* mit entschlackendem Dill-Aroma-Peeling, ein Luxustreatment aus Dillsamen, Honig, frischer Milch, Sandelholz und gemahlenen Reiskörnern (*Nord-Male'-Atoll, www.banyantreespa.com/maldives,* Foto). Erfrischend hingegen der Exotic Lime & Ginger Salt Glow im *Mandara Spa* des *Cinnamon Island Alidhoo Resort & Spa (www.cinnamonhotels.com).* Limone und Ingwer wirken wie ein belebendes Bad. Naschkatzen freuen sich auf die süßen Treatments wie die Schokomassage auf der Insel Angaga (*Süd-Ari-Atoll, www.angaga.com.mv*) oder den Coconut-Scrub auf der Insel Boduhuraa (*Süd-Male'-Atoll, www.boduhuraamaldives.com*).

▶▶ SOLAR POWER

Alternative Energien

Wo könnte man die Kraft der Sonne besser nutzen als auf den Malediven? Bislang scheiterten die Projekte an der Tatsache, dass Solarmodule durch die Salzwasserluft schnell zerstört wurden. Mit neuen Ideen und Pioniergeist beginnen jetzt die ersten Insulaner, das Projekt Solarenergie anzugehen. In Resorts wie *Banyan Tree (www.banyantree.com)* oder *Kurumba (www.kurumba.com)* wird schon ein großer Teil des Duschwassers mit der umweltfreundlichen und kostenlosen Energie-Alternative erhitzt – sehr Erfolg versprechend!

▶▶ KOCH-COMMUNITY

Essen und Reden

Jeder bestellt seinen eigenen Teller? Nicht auf Male'. Der neueste Foodtrend macht sich in den Seitenstraßen rund um den Fischmarkt von Male' (8–18 Uhr) breit. Seite an Seite teilen sich Fremde und Freunde gemeinsam einen Tisch und essen von einer großen Speiseplatte. Die einheimischen Köche packen allerlei Inselspezialitäten und frisches Seafood auf die riesigen Teller. Bezahlt wird am Ende nur das, was auch tatsächlich gegessen wurde. Positiver Nebeneffekt: Wer zusammen von einer Platte isst, kommt auch miteinander ins Gespräch.

> HAIFISCHE, DHONIS UND KOKOSPALMEN

Alles gehört dem Staat, aber der ist recht freizügig – wenn man von der Religion absieht

BEVÖLKERUNG

Die Malediver sind von singhalesischen, arabischen, malaiischen und afrikanischen Ethnien geprägt. Die meisten haben eine hellbraune Hautfarbe und eine schlanke, oft zierliche Statur. Malediver lachen gern, sind gastfreundlich, zuweilen etwas neugierig, die Frauen allerdings eher zurückhaltend. Eine typische Eigenschaft ist die Gabe, selbst in Stresssi-

tuationen gelassen zu bleiben. *Insha' Allah*, gesprochen *Inschallah* (übersetzt so viel wie „So Gott will!"), ist ein beliebter Ausdruck, wenn man demjenigen etwas überlassen will, der die Geschicke lenkt.

Auf den offiziell 220 von Einheimischen bewohnten Inseln leben je 200–6000 Einwohner, insgesamt etwa 300000 Menschen. Die Bevölkerungsdichte täuscht aber, denn auf der Hauptstadtinsel Male' drängen

Bild: Dhonis vor Male'

STICH WORTE

sich allein etwa 100 000 Menschen – fast ein Drittel der Gesamtbevölkerung. Male' ist damit die am dichtesten besiedelte Hauptstadt der Erde. Viele junge Malediver zieht es in die Hauptstadt, da es hier bessere Arbeitsmöglichkeiten gibt.

FLORA UND FAUNA

Die Pflanzenwelt der Malediven ist mit Ausnahme der südlichsten Atolle spärlich. Die Kokospalme stellt eine unentbehrliche Rohstoff- und Nahrungsquelle dar und ist ein wichtiger Wirtschaftsfaktor. Sie gilt als Lebensbaum der Malediver. Die Nüsse – pro Jahr trägt eine Palme bis zu 90 Früchte – enthalten in halbreifem Zustand ein Fruchtwasser, das als erfrischendes Getränk beliebt ist. Nach und nach verdickt sich dieses Fruchtwasser zu Fruchtfleisch, das nach der Ernte herausgeschält, geraspelt und getrocknet wird und dann als Kopra in alle Welt exportiert wird – ein Grundstoff z. B. für die kosmetische Industrie. Die getrockneten Schalen sind ein natürlicher und billiger Brennstoff. Die Blätter der Kokospalme werden als Dachabdeckung beim Hausbau, die Stämme beim Schiffbau verwendet.

sorts liegen, wird Gemüse angebaut, wenn auch in bescheidenem Umfang. Auch der Reisanbau spielt nur eine geringe Rolle und kann den Eigenbedarf bei weitem nicht decken.

Die geringe Artenvielfalt der Pflanzen bringt es mit sich, dass auf den Inseln nur wenige Landtiere leben. Auf einigen Touristeninseln gibt

Dekoratives Spiel mit Licht und Schatten – Blätter einer Bananenstaude

Weitere Palmen sind die Schrauben-, die Betelnuss- und die Nipapalme. Unter den wenigen Baumarten finden sich der Brotfrucht-, der Banyan- und der Mangobaum. Zu den wichtigsten Früchtelieferanten zählen Banane und Papaya, weitere Nutzpflanzen sind Süßkartoffel, Maniok und Taro sowie Mais und Hirse. Auf einigen Inseln, vor allem solchen, die in der Nähe von Hotelresorts liegen, wird Gemüse angebaut, wenn auch in bescheidenem Umfang.

es wilde Kaninchen und Palmhörnchen, wobei Letztere eher unbeliebt sind: Sie laufen nachts auf den Palmblattdächern hin- und her und bringen die Hausbewohner um den Schlaf. Beliebt sind dagegen die Geckos, kleine Echsen, die Ungeziefer jeder Art als ihre Leibspeise betrachten.

Zur Gattung der Säugetiere und zu den Fledermäusen zählen die Fliegenden Hunde, die man erst in den

Abend- und Nachtstunden bemerkt. Tagsüber halten sie sich kopfüber schlafend in den Bäumen auf.

Am frühen Abend und nachts wird es an den Stränden lebendig. Mit etwas Geduld können Sie beobachten, wie die Sandkrabben geschickt das Höhlensystem anlegen, in dem sie tagsüber leben. Um den Sand wegzuschaufeln, bedienen sie sich ihrer Hinterbeine, zuvor graben sie mit den vorderen Zangen den Höhleneingang.

Durch die spezifische Bebauung der Inseln gelang es, die Moskitoplage in den Griff zu bekommen. Man legte jeweils eine breite Straße an, die die Insel in der Hauptwindrichtung durchzieht. Das hat zur Folge, dass auch die Moskitos diesen Weg nehmen. Nur bisweilen werden sie lästig, weshalb Sie sich in den Abendstunden mit entsprechender Kleidung wappnen sollten.

FOLKLORE

Unverkennbar sind die arabischen und afrikanischen Einflüsse, die wahrscheinlich auf Sklaven zurück-

gehen, die auf den Inseln gehalten wurden. *Boduberu* (große Trommel) heißt die traditionelle Unterhaltung. Dabei begleiten drei Trommler den Wechselgesang zwischen einem Vorsänger und einem Chor (dann ist es ein *Baburu Lawa*, übersetzt „Negergesang"). Während diese Art der Unterhaltung Männern vorbehalten ist, wird die *Bandiyaa Dschehun* nur von jungen Frauen vorgeführt. Dabei werden die Finger rhythmisch gegen Metallgefäße geschlagen. Eine Variante davon ist der *Dandi Dschehun*, bei dem sich die Tänzerinnen in zwei Reihen gegenüberstehen und den Rhythmus mit Stöcken schlagen.

GEOGRAFISCHES

Die Malediven sind von Frankfurt/M. ca. 7880 km entfernt und erstrecken sich auf einer Länge von 823 km in Nord-Süd-Richtung. Die geografische Lage entspricht 7 Grad nördlicher und 1 Grad südlicher Breite sowie dem 72. und dem 74. Grad östlicher Länge. Der Äquator verläuft zwischen dem Gaaf-Alif-Atoll und

> GEJAGTE JÄGER
Der Hai – eine bedrohte Art

Wenn von Haien die Rede ist, spukt vielen das furchterregende Bild des schwimmenden Killers aus dem Film „Der weiße Hai" im Kopf herum. Statistisch gesehen ist jedoch die Gefahr, von einem Hai angegriffen zu werden, geringer, als von einem Blitzschlag getötet zu werden. Trotzdem werden jährlich Millionen dieser stolzen Jäger selbst zur Beute – des Menschen. Die Folge ist,

dass etwa ein Viertel der rund 400 Haiarten bedroht sind, 69 davon gar in die Rote Liste der Internationalen Naturschutzunion aufgenommen wurden. In den Gewässern der Malediven leben rund 50 Haiarten, die eher den Rückzug antreten, als aggressiv zu werden. Sie werden hier inzwischen durch ein Gesetz geschützt, das jeglichen Fang von Haien verbietet.

dem Gnyaviani-Atoll im Süden. Zwischen dem Indischen Subkontinent und den Malediven beträgt die maximale Entfernung 360 km, nach Sri Lanka sind es 770 km. Nähme man die Fläche aller Inseln zusammen, ergäbe das nur etwa 298 km^2 – weniger als die Fläche Münchens (310 km^2).

KLIMA

Die Malediven sind ein Ganzjahresreiseziel, die Temperaturunterschiede halten sich übers Jahr in Grenzen. Bestimmend ist der Monsunwind, der von April bis Oktober aus südwestlicher, in der übrigen Zeit aus nordöstlicher Richtung weht. Unangenehm kann er in der Zeit des Wechsels (Mai/Juni und Sept./Okt.) werden, dann gibt es manchmal auch Stürme mit starken Regenfällen.

Am heißesten ist es mit Temperaturen bis zu 33 Grad im April und Mai; allerdings macht eine beständige Brise auch solche Spitzenwerte erträglich. Der Unterschied zu den „kältesten" Monaten (Nov.–Feb.) beträgt gerade mal 2 Grad. Ebenfalls gering ist der Unterschied zwischen Tages- und Nachttemperaturen, er bewegt sich bei ca. 3 Grad. Eine echte Regenzeit gibt es auf den Malediven nicht. Konstant sind auch die Wassertemperaturen, die während des ganzen Jahres bei 28/29 Grad liegen.

NATURSCHUTZ

Seit es westlich von Male' eine zentrale Müllverbrennungsanlage gibt und die Betreiber von Hotelinseln verpflichtet wurden, eigene Müllverbrennungsöfen zu installieren, scheint das Problem einigermaßen gelöst. Trotzdem: Jeder Reisende kann zur Müllvermeidung beitragen (das beginnt beim Bier vom Fass und nicht aus der Dose). Neue Resorts werden nur noch unter strenger Beachtung von Umweltauflagen genehmigt, bestehende zu Umbauten gezwungen. Die Gewinnung von Trinkwasser erfolgt heute fast ausschließlich durch Meerwasser-Entsalzungsanlagen.

REGIERUNG

Nach der Unabhängigkeit der Malediven von Großbritannien (1965), wurde eine präsidiale Regierung installiert. Ihr steht seit einer Verfassungsänderung 1975 ein Präsident vor, der auch als Regierungschef fungiert. Seit 1978 bekleidet Maumoon Abdul Gayoom (geb. 1937) dieses Amt. Das Parlament *(Majlis)* besteht aus 50 gewählten Abgeordneten, dazu kommen acht Abgeordnete, die der Präsident bestimmt. Bei ihnen handelt es sich meist um Mitglieder einflussreicher Familien. Politische Parteien gibt es nicht.

RELIGION

Gemäß der Verfassung von 1968 gilt der Islam als Staatsreligion, die Ausübung anderer Glaubensbekenntnisse ist untersagt. Deshalb gibt es auf den Malediven auch keine christlichen Kirchen. Seit einigen Jahren ist eine gewisse Rückkehr zu islamischen Traditionen sichtbar geworden. So sieht man z.B. vermehrt Frauen, die das Kopftuch tragen und das Gesicht teilweise verhüllen, obwohl die Verschleierung von Frauen gesetzlich nicht vorgeschrieben ist. Strikt eingehalten werden die Ge- und Verbote der islamischen Religion, z.B. das Schweinefleisch- oder Alkoholverbot.

SPRACHE

Landessprache ist das *Dhivehi*, eine arabisch-singhalesische Mischsprache, in die viele Anglizismen Eingang gefunden haben. Die Insulaner sprechen unterschiedliche Dialekte, was die Verständigung untereinander nicht erleichtert. Auf den Touristeninseln wird Englisch meist verstanden und auch gesprochen. *Thanaa* heißt die Schrift, die sich aus dem arabischen Vorbild entwickelt hat. 1972 gab es eine Schriftreform, seither werden auch lateinische Schriftzeichen verwendet. Eine Vereinheitlichung der Schreibweise von Eigennamen und Begriffen gibt es noch nicht, deshalb trifft man immer wieder auf unterschiedliche Schreibweisen von geografischen Bezeichnungen wie Atoll- oder Inselnamen.

TRANSPORTMITTEL

Das Dhoni ist das typische Verkehrsmittel der Malediven. Es gibt unterschiedliche Bauarten für jene, die nur innerhalb der Atollringe verkehren, und für andere, mit denen der Verkehr zwischen den Atollen sichergestellt wird. Segeldhonis haben ein trapezförmiges Segel, das der arabischen Dhau nachempfunden ist. Größere Entfernungen zu den neu für den Tourismus erschlossenen Atollen werden mit Wasserflugzeugen überwunden *(siehe „Praktische Hinweise")*, geringere Distanzen mit Schnellbooten.

Mädchen in der Koranschule

UND FREITAGS WIRD GEBETET

Allah und die Lehre des Propheten stehen im Mittelpunkt

> Mit den Festivitäten auf den Malediven ist das so eine Sache: Finden sie statt, sind die meisten Touristen auf ihren Hotelinseln und bekommen in aller Regel gar nichts davon mit. Denn die größten Feste – wie das ausgiebig gefeierte Fastenbrechen nach dem Fastenmonat Ramadan – finden abends nach Sonnenuntergang statt. Dann eine Einheimischeninsel zu besuchen, ist erstens (zumindest offiziell) nicht gestattet und zweitens findet man kaum einen Dhonikapitän, der sich bei Dunkelheit durch die gefährlichen Untiefen traut.

Anders sieht es Ende Juli mit dem <mark>Insider Tipp</mark> *Independence Day,* dem „Tag der Unabhängigkeit" aus. Dann kann man einen Besuch von Male' oder einer Einheimischeninsel damit verbinden, die bunten Paraden zu beobachten oder den kleinen Rummelplatz auf Male' zu besuchen. Ähnliches geschieht am 3. November, dem Tag des Sieges über die Portugiesen im Jahre 1573.

Und grundsätzlich gilt – wie in allen islamischen Ländern – der Freitag als Feiertag. Behörden und Schulen sind dann geschlossen, in Male' auch viele Geschäfte sowie Banken und die Post. Da Touristen auch an Freitagen nach Male' kommen, beschränken sich manche Geschäftsinhaber auf die Ladenschließung während der Gebetszeiten. An der Ladentüre hängt dann ein Schild „Closed for praying time".

Auf den Hotelinseln können sich freitags die Essenszeiten verschieben, da das Servicepersonal selbstverständlich ebenfalls zum Gebet in die Moschee geht.

◼ OFFIZIELLE FEIERTAGE

1./2. Januar *Neujahrsfest*; **25. Januar** *Huravee-Fest* im Gedenken an einen maledivischen Nationalhelden, der erfolgreich die Gegenwehr gegen die portugiesischen Besatzer organisierte; **26./27. Juli** *Independence Day*; **3. November** *Tag des Sieges über die Portugiesen*; **11./12. Dezember** *Tag der Republik*

Aktuelle Events weltweit auf www.marcopolo.de/events

> EVENTS
FESTE & MEHR

RELIGIÖSE FESTE

Nach dem islamischen Mondkalender verschieben sich religiöse Feste jedes Jahr um ca. 10 Tage nach vorn:

7. Januar 2009, 17. Dezember 2010
Ashura-Fest (Fasten- und Rettungstag des Propheten Moses)

9. März 2009, 26. Februar 2010
Mevlid (Geburtstag des Propheten Mohammed)

22. August 2009, 11. August 2010
Ramadan: Beginn des Fastenmonats; die Fastenpflicht betrifft alle Muslime ab der Geschlechtsreife, vor diesem Zeitpunkt können Kinder freiwillig fasten. Das Fasten beginnt täglich bei der Morgendämmerung und endet mit dem Sonnenuntergang. Während dieser Zeit ist es nicht erlaubt zu essen, zu trinken, zu rauchen oder Geschlechtsverkehr zu haben. Alte, kranke und schwache Leute sowie Reisende, Schwangere, Wöchnerinnen und menstruierende Frauen sind von der Fastenpflicht befreit.

22. September 2009, 10. September 2010
Fest des Fastenbrechens (drei Tage): Ende des Fastenmonats, was mit ausgiebigen Festmahlen und gemeinsam mit Freunden und Verwandten gefeiert wird.

27. November 2009, 12. November 2010
Opferfest: Gemeinsam mit dem Fest des Fastenbrechens ist das Opferfest das wichtigste Fest des Islam und für alle islamischen Glaubensrichtungen verbindlich. Beim Opferfest wird des Propheten Ibrahim gedacht, der die göttliche Probe bestanden hatte und Allah seinen Sohn Isaak opfern wollte.

18. Dezember 2009, 7. Dezember 2010
Islamisches Neujahrsfest

> FRISCH KOMMT DER FISCH AUF DEN TISCH

Keine Angst vor Ungewohntem: Probieren Sie doch mal ein Fischcurry

> Kulinarische Überraschungen sollten Sie auf den Malediven nicht erwarten. Abgesehen von einigen Luxusinseln, in deren Küchen Spitzenkräfte aus Europa dazu da sind, betuchte Gäste zu verwöhnen, ist vieles, was auf der Speisekarte steht, das Ergebnis (meist) gekonnter Improvisation. Das liegt nicht zuletzt darin begründet, dass abgesehen vom Fisch alles andere für teures Geld auf dem Luftweg importiert werden muss: Käse und andere Milchprodukte aus Dubai, Fleisch aus Australien und Neuseeland, Halbfertigprodukte aus Europa. Deshalb ist es erstaunlich, was manche Köche zustande bringen.

Auch die traditionelle maledivische Küche ist eher bodenständig. Die Hauptzutat ist Fisch, der für die einheimische Bevölkerung das Grundnahrungsmittel und entsprechend preisgünstig ist. Deshalb freuen sich vor allem Liebhaber von Meeresfrüchten über gegrillten Thunfisch, über einen gebratenen Red Snapper

Bild: Restaurantterrasse Kanu Huraa Resort & Spa

ESSEN & TRINKEN

(eine Art Rotbarsch) oder über eine köstliche Makrele. Beliebt sind auch Seezunge *(fillet of sole)* und Steaks vom Haifisch *(shark)*. Überraschend gut schmeckt ein Fischgulasch *(Mas Riha)*, wozu das Fleisch des Bonito, einer Thunfischart, verwendet wird. Relativ teuer sind Krustentiere wie Hummer, Langusten und Krebse, die ebenfalls zum Großteil importiert werden müssen, da der Verbrauch nicht durch eigenen Fang gedeckt

werden kann. Als Beilagen werden zumeist Reis, Nudeln oder Kartoffeln in verschiedenen Variationen gereicht. Vielerlei Nudelgerichte gibt es naturgemäß auf den Inseln, die von italienischen Reiseveranstaltern bedient werden.

Kaum zu verleugnen sind die indischen Einflüsse auf die maledivische Küche: Gekocht wird mit Gewürzen, die vorwiegend aus der Küche des nahen Subkontinents stammen.

Scharf gewürzte Curries – ob mit Geflügel, Rindfleisch oder Fisch – sind eine willkommene Bereicherung des Speiseplans. Ein traditionelles maledivisches Gericht ist *Garudiya*, eine Art Fischsuppe: Verschiedene Fischsorten werden in Stücke geschnitten, mit Zitronensaft beträufelt und mit Zwiebeln in Salzwasser gekocht.

Dazu wird Reis oder das typische maledivische Fladenbrot *(roschi)* serviert. Eine andere maledivische Spezialität ist *Hiki mas*, getrockneter Fisch – freilich nicht jedermanns Geschmack. Ein Tipp für den Fall, dass Sie der Hauptstadtinsel Male' einen Besuch abstatten: Rund um die Fischmarkthalle gibt es ein paar

> SPEZIALITÄTEN
Genießen Sie die typisch maledivische Küche!

Alui – diese Süßkartoffeln sind eine beliebte Beilage zu allen Fischgerichten
Garudiya – Fischsuppe aus verschiedenen Fischsorten, mit Zwiebeln und Zitrone in Salzwasser gekocht
Gulhi bokibaa – zum Dessert oder auch zwischendurch isst man auf den Malediven diesen süßen, mit vielen Gewürzen verfeinerten Kuchen
Hiki mas – getrocknete Fischstücke
Huni mas – getrocknete, geraspelte Fischstücke
Kastad – stark gesüßter Pudding, der seinen Namen eigentlich von der zuge-

gebenen Vanillesoße (Englisch *custard*) erhielt
Keemia – aus Reis, Gewürzen und Fisch geformte, kleine Röllchen

Keyku – ein süßer und locker gebackener Kuchen, den man gern als Dessert serviert
Kurumba – das köstlich erfrischende Wasser der halbreifen Kokosnuss. Kurumba kann man direkt aus der Nuss trinken
Mas finohu – Sammelbezeichnung für diverse Gerichte mit gekochtem, gebratenem oder gegrilltem Fisch (Foto)
Mas Riha – Fischgulasch, das ähnlich wie ein europäisches Gulasch mit Paprika zubereitet wird
Massuni – Salat aus getrocknetem Thunfisch, mit Zwiebeln, Kokosflocken und etwas Öl vermischt
Riha – Fisch in Currysoße, wobei man unter Curry eine aus vielen verschiedenen Gewürzen bestehende Mischung versteht
Riha hakuru – maledivische Fischsoße, als Würzmittel sehr beliebt
Roschi – maledivisches Fladenbrot, eine traditionelle Beilage zu Fischgerichten
Sai – Tee, das Nationalgetränk der Malediver. Wie ihre Nachbarn in Indien und Sri Lanka trinken auch die Malediver gern schwarzen Tee. Als stark gesüßter Tee heißt er *kalu sai*.

kleine Restaurants *(Tea Shops)*, in denen vorzügliches maledivisches Essen serviert wird.

Auf den Hotelinseln hat die internationale Küche Einzug gehalten. Die Zeiten, da mittags Fisch mit Reis und abends Reis mit Fisch auf der Speisekarte standen, sind vorbei. Vielfach wird das Mittag- und Abendessen als Büfett angeboten, à la carte ist eher die Ausnahme. Ein Tipp: **Buchen Sie – wenn möglich – nur Halbpension.** Bei den tropischen Temperaturen ist das Hungergefühl vor allem nach einem ausgedehnten Frühstück eher gering. Für den kleinen Hunger gibt es auf jeder Hotelinsel einen Coffeeshop, in dem zwischen den Hauptmahlzeiten kleine Gerichte wie Pizza, Spaghetti oder Sandwiches serviert werden. Köstlich ist das Obst, das es auf den Malediven gibt: Bananen, Papayas, Mangos und natürlich Kokosnüsse wachsen auf den Inseln selbst, Orangen müssen importiert werden.

Und was trinkt man auf den Malediven? Wasser natürlich, das auf den meisten Hotelinseln durch Meerwasserentsalzungsanlagen hergestellt oder auch aus Sri Lanka importiert wird. Dann ist es allerdings ziemlich teuer, denn eine 1,5-Liter-Flasche Trinkwasser kostet etwa 3 Euro. Deshalb noch ein Tipp: Bringen Sie **Vitamin-Brausetabletten** von zu Hause mit! In Wasser aufgelöst und im Kühlschrank aufbewahrt ergibt das zu jeder Tageszeit ein erfrischendes und vor allem preiswertes Getränk.

Alkoholische Getränke gibt es, dem Alkoholverbot des Islam entsprechend, ausschließlich auf den Hotelinseln, und sie sind recht teuer:

3,50 Euro für ein Bier vom Fass (0,3 l) muss man einkalkulieren, auf einigen wenigen Inseln gibt es neben belgischen oder niederländischen sogar deutsche Biere wie Erdinger Weißbier (0,5 l ca. 7 Euro) oder Bitburger (0,3 l ca. 6 Euro). Wein ist noch teurer, wobei die Auswahl vor

Nicht einfach nur Obst: kunstvoll drapierter Früchteteller

allem auf den Inseln der gehobenen Kategorie bisweilen erstaunlich ist. So leistet sich z. B. die Hotelinsel Sonevafushi im Baa-Atoll den Luxus eines eigenen, in den Korallenstock gegrabenen Weinkellers, in dem sogar Spitzenweine aus Frankreich sachgemäß gelagert werden können. Schließlich hat jede Hotelinsel mindestens eine Bar, in der alle international bekannten Cocktails und Longdrinks (ab ca. 10 Euro) gemixt werden. Softdrinks wie Coca Cola, Sprite und Tonic (ca. 3 Euro) gibt's in Dosen oder Flaschen. Als Nationalgetränk gilt der Tee *(Sai)*.

BRIEFMARKEN & CO

Die Malediven sind zwar kein Einkaufsparadies, aber leer muss
der Koffer trotzdem nicht bleiben

> Die Malediven sind alles – bloß kein
Paradies für Souvenirjäger. Das meiste,
was man in den Andenkenshops auf den
Hotelinseln erhält, trägt die Aufschrift
„Made in China", was darauf zurückzu-
führen ist, dass es auf den Einheimischeninseln keine Produktion gibt. Und
weil die Souvenirs deshalb importiert
werden müssen, sind sie entsprechend
teuer.

Wenn Sie einen Besuch einer Einheimischeninsel unternehmen, finden Sie
auch hier Souvenirgeschäfte – der Unterschied zu jenen auf den Hotelinseln liegt
im Preis. Außer hübschen und vor allem
wirklich auf den Malediven hergestellten
Reiseandenken gibt es hier aber auch
Dinge des täglichen Bedarfs (Sonnen-
schutzmittel, Zahnpasta, Rasierzeug
usw.) zu günstigen Preisen.

Auf dem Flughafen Hulule gibt es eine
Shoppingmeile mit einigen Geschäften.
Elektronische Geräte wie auch Kameras
sind hier unter Umständen preiswerter
als in Europa, man sollte jedoch die Frei-
grenzen bei der Einfuhr bedenken. Par-
füm, alkoholische Getränke und Tabak-
waren sind hier naturgemäß billiger zu
erwerben.

BRIEFMARKEN

Philatelisten erhalten im Postamt von
Male' *(Majeedi Magu/Chandani Magu |
Sa–Do 9–12 und 16–18 Uhr)* postfrische
Sätze der großen, bunten maledivischen
Briefmarken.

GEWÜRZE

Auf Male' schließlich lohnt auf jeden
Fall der Obst- und Gemüsemarkt einen
Besuch; Hobbyköche werden hier auf
der Suche nach exotischen Gewürzen
fündig. Safran, das vielleicht kostbarste
Gewürz der Welt, ist hier erschwinglich,
günstig sind Currymischungen für Fisch
und Huhn oder gerebelter Chili.

KORALLEN & CO

Die Malediver verstehen sich auf die
Herstellung hübscher Souvenirs aus
Korallen. Besonders beliebt ist dabei die
Schwarze Koralle, die allerdings seit Jah-

> EINKAUFEN

ren auf der Liste des Washingtoner Artenschutzabkommens steht und geschützt ist. Streng genommen darf man sie nicht einmal pflücken, allerhöchstens sammeln, wenn sie am Strand angeschwemmt wird. Denken Sie daran, dass bei der Wiedereinreise in EU-Staaten u. U. von Ihnen verlangt wird, die legale Herkunft Ihrer erworbenen Schmuckstücke nachzuweisen.

Das gilt auch für Schildkrötenpanzer. Wer einmal gesehen hat, wie einer Schildkröte bei lebendigem Leibe der Panzer abgezogen wird, dem dürfte die Lust an Andenken aus diesem Material ohnehin vergangen sein. Außerdem steht auch die Karettschildkröte unter dem Schutz des Artenabkommens. Auch Haie werden durch maledivische wie auch internationale Gesetze geschützt, ihr Fang ist grundsätzlich verboten. Dennoch gibt es Geschäfte, in denen Haifischgebisse als Deko-Objekte feilgeboten werden.

Vor allem in den Souvenirgeschäften auf Male', aber auch auf den Einheimischeninseln werden Muscheln und Schnecken als Souvenirs angeboten. Auch hier gilt Vorsicht, denn die besonders hübsche Kauri-Schnecke, einst ein über die Malediven weit hinaus gültiges Zahlungsmittel, steht ebenfalls unter besonderem Schutz. Leere Muscheln dienen schließlich Krebsen und anderen Kleintieren als Unterschlupf.

KUNSTHANDWERK

Schauen Sie sich doch besser nach anderen Andenken um, z. B. nach den handgefertigten Dhoni-Modellen (die für die Malediven typischen Boote) aus Palmenholz. Sie werden ohne Klebstoff zusammengefügt. Hübsch sind auch die bemalten und aus Palmenholz gefertigten Dosen mit traditionellen Mustern, die auf den Inseln im Süden der Malediven gemacht werden. Wenn Sie die Malediven im November besuchen, sollten Sie einen Besuch des alljährlich abgehaltenen, zweiwöchigen Kunstgewerbemarktes in der Iskander-Schule auf Male' nicht versäumen.

> DAS GUTE LIEGT SO NAH!

Schon im schnell erreichbaren Nord-Male'-Atoll finden sich hübsche Inseln

> Als man in den 1970er-Jahren begann, die ersten Touristenresorts auf den Malediven einzurichten, stießen die Planer schnell auf das Problem der großen Entfernungen. Sind es doch immerhin gut 750 km vom nördlichsten bis zum südlichsten Atoll, die es zu überwinden gilt. Bei näherer Betrachtung wurden sie jedoch schon in der Nähe der Hauptstadt Male' fündig, denn im Male'-Atoll erwiesen sich etliche unbewohnte Inseln als gut geeignet für den Bau von Touristenresorts. Eigentlich besteht das Male'-Atoll aus zwei Atollringen, von denen das Nord-Male'-Atoll mit einer größten Länge von 67 km und einer größten Breite von 41 km das größere ist. Auf der Insel Kurumba, die bis dahin Vihamanaafushi hieß, entstand 1972 das zweite Touristenresort. Zuvor hatte es nur ein kleines Resort auf der nahen Insel Vilingili gegeben. Heute leben hier nur noch Einheimische,

Bild: Kurumba, Nord-Male'-Atoll

NORD-MALE'-ATOLL

die der drangvollen Enge auf der Hauptstadtinsel entflohen sind. Von Einheimischen bewohnt sind die Inseln Gaafaru, Dhiffushi, Tulusdhoo, Huraa, Himmafushi und Male' selbst, die Hauptstadt der Malediven. Im nördlichen Atollring liegt auch der internationale Flughafen (auf Hulule). Unweit des Flughafens, auf Aarah, ließ sich Präsident Gayoom auf einer eigenen Insel seinen Privatwohnsitz errichten. Ebenfalls in der Nähe des Flughafens wurde durch Landaufschüttung eine neue Inselfläche gewonnen, die auch der Entlastung von Male' dienen und Hulumale heißen soll. Ab etwa 2010, wenn sich das aufgeschüttete Material gesetzt hat, können hier neue Wohngebäude gebaut werden. Eine Besichtigung Male's ist ein Muss für jeden Malediven-Besucher. Die Hauptstadt wird daher außerhalb des Alphabets an erster Stelle vorgestellt.

MALE'

KARTE IN DER HINTEREN UMSCHLAGKLAPPE

[114 C2] Die Metropole ist das wirtschaftliche und kulturelle Zentrum des Landes. Hier finden Sie auch die einzigen Sehenswürdigkeiten der Malediven. Ideal ist Male' auch zum Einkaufen, da Sie hier ein

ist somit wohl die kleinste und dichtest besiedelte Hauptstadt der Welt. Male' hat leider einen Teil des ursprünglichen Charmes verloren und präsentiert sich heute als geschäftige Stadt, in der sich alle Regierungsbehörden, Ämter und Firmensitze befinden. Das Stadtgebiet gliedert sich in vier Bezirke: Henveiru, Galolhu,

Auf dem Fischmarkt in Male' wird der Fang begutachtet

Warenangebot vorfinden, das preiswerter und vielfältiger ist als in den Hotelboutiquen. Ausflüge nach Male' werden von fast jeder Insel aus angeboten. Sie dauern meist einen halben bis einen Tag, wobei viel Zeit für die An- und Abfahrt benötigt wird. Ein paar Fakten vorweg: Etwa 100 000 Menschen leben auf Male'. Und weil die Stadt nur gut 1,5 km^2 groß ist, entspricht das einer Bevölkerungsdichte von 50 000 Einwohnern pro Quadratkilometer. Die Stadt

Machchangolhi und Maafannu. Der Name Male' entstammt vermutlich einer Abwandlung des Hindi-Wortes *Mahal*, was Festung bedeutet.

Die Insel war nicht immer so groß wie heute. Vor etwa 100 Jahren lebten hier nur 2000 Menschen, die sich aus Furcht vor Piraten eine Mauer um ihre Hütten bauten. Weil immer mehr Menschen in die Hauptstadt drängten, sah sich die Regierung gezwungen, die Inselränder aufzuschütten; lange vorher schon wurden die Festungsmauern geschleift. Auf dem neuen Gelände stehen auch die moderneren Wohnhäuser, während Sie im Zentrum von Male' immer noch einfache, aus Muschelkalk gebaute und mit Palmblättern gedeckte Häuser sehen.

Werfen Sie mal einen Blick über eine der Mauern, die fast jedes Haus umgeben. Vielleicht sehen Sie im Innenhof eine alte Frau, die ihr Wasserpfeifchen schmaucht, oder das Kind, das über den Hausaufgaben brütet. Das könnten Sie natürlich auch auf den anderen bewohnten Inseln sehen. Aber von denen dürfen Sie als Tourist nur ein paar besuchen.

◼ SEHENSWERTES ◼

Einen Rundgang durch Male' finden Sie auf den Seiten 88–90.

FISH MARKET   [U C2]

Am lebendigsten geht es auf dem Fischmarkt von Male' zu, wenn sich die meisten Touristen schon wieder auf dem Rückweg zu ihren Hotels befinden. Schade, denn hier lässt sich das Leben der Malediver vortrefflich studieren. Wenn die Fischer mit ihren Booten gegen 16 Uhr wieder in den heimatlichen Hafen zurückkehren, wird der Fang allgemein bestaunt und an Land gebracht. In der Markthalle warten schon die Interessenten, darunter auch einige Köche von den Hotelinseln. *Marine Drive*

FRUIT & VEGETABLE MARKET   [U C2]

Was auf den Inseln der Malediven wächst, ist bescheiden. Allerdings beschränkt sich das Angebot in den 2008 neu eröffneten, hellen und freundlichen Hallen des Gemüse- und Fruchtmarkts keineswegs nur auf Kokosnüsse und Bananen. An den zahllosen Ständen wird auch vieles angeboten, was die Malediver zum täglichen Leben brauchen. Das meiste wird aus Indien und Sri Lanka importiert, einiges auch aus Singapur und anderen Ländern – was den Preis natürlich verteuert. *Marine Drive*

MARCO POLO HIGHLIGHTS

★ **Baros**
Hier ist immer was los (Seite 37)

★ **Club Med Kanifinolhu**
Sport unter maledivischer Sonne (Seite 44)

★ **Ihuru**
Stelldichein mit Stachelrochen (Seite 43)

★ **Kuda Huraa**
Wahrhaft luxuriös – hier fehlt es dem verwöhnten Gast an nichts (Seite 45)

★ **Makunudhoo**
Hochzeit "all inclusive" – ein Paradies für Honeymooner (Seite 49)

★ **Soneva Gili Resort & Spa**
Hat Robinson Crusoe so gelebt? Sicher nicht mit diesem Komfort (Seite 48)

★ **Huvafenfushi**
Schöne Strände und eine Unterwasserbar (Seite 42)

★ **Vabbinfaru (Banyan Tree)**
Juwel im Inselreich (Seite 52)

HUKURU MISKIIY [U D2]

Die alte Freitagsmoschee ist das älteste Gebäude von Male', sie wurde 1656 unter der Regentschaft von Sultan Ibrahim Iskander erbaut. Ihr Inneres kann nur mit einer Sondergenehmigung besucht werden, mit etwas Glück ist eine Besichtigung während der unregelmäßigen Öffnungszeiten möglich. Von außen präsentiert sich das mit Wellblech gedeckte Gebäude wenig ansehnlich. Im Inneren, das man durch schwere, geschnitzte Holztüren erreicht, zieren Teakholzreliefs die Wände, der Boden ist mit Teppichen bedeckt. Sehr schön sind die kunstvollen Steinreliefs mit in arabischer Schrift wiedergegebenen Versen aus dem Koran. Auf dem Friedhof vor der Moschee, der von einer Mauer aus Korallensand umgeben wird, liegen Persönlichkeiten der Landesgeschichte begraben. Besonders wichtige Personen wurden in steinernen Grabhäusern beigesetzt, weniger bedeutende erhielten Grabsteine, auf denen neben ihren Lebensdaten Verse aus dem Koran eingraviert sind. *Medu Ziyaarath*

ISLAMIC CENTRE/
GRAND FRIDAY MOSQUE [U D2]

Schon von weitem ist die größte Moschee der Malediven an ihrer leuchtend goldenen Kuppel und dem 40 m hohen, schlanken Minarett zu erkennen. Sie ist Teil des Islamischen Zentrums, das u. a. auch die Islamische Bibliothek und einen Konferenzsaal beherbergt. Im Innern der Moschee, die man nur außerhalb der Gebetszeiten und in angemessener Kleidung betreten darf, gibt es kostbare Schnitzereien sowie anderes wertvolles Interieur. *Majeedhee Magu*

NATIONAL MUSEUM [U D2]

Bei dem kleinen Museum handelt es sich um eine kunterbunte Ansammlung von z. T. kuriosen Dingen, von denen die wenigsten durch Infotafeln erklärt werden. Ein kurzer Rundgang lohnt aber trotzdem, denn mit etwas Phantasie kann man erraten, worum es sich bei diesem oder jenem Stück handelt. Im 1. Stock gibt es ein paar Bilder. Neben dem Eingang sollten Sie die steinernen Fragmente beachten, aus denen der norwegische Forscher Thor Heyerdahl schloss, dass vor dem Islam der Buddhismus auf den Malediven verbreitet war. *Tgl. außer Fr 9–12, 14–17 Uhr | Sultan Park*

Minarett vor dem Islamischen Zentrum in Male'

PRÄSIDENTENPALAST [U D2]

Nur noch als Büro des Präsidenten dient der ehemalige Sultanspalast, den Sultan Shamsuddeen III. kurz vor dem Ersten Weltkrieg für seinen Sohn errichten ließ. Als Vater und Sohn 1936 wegen etlicher Vergehen verbannt wurden, ging das Gebäude ins Eigentum des Staates über, der es ab 1953 als Präsidentensitz nutzte. Aus Sicherheitsgründen ist die Besichtigung der Innenräume nicht möglich. *Majeedhee Magu*

SULTAN PARK [U C–D2–3]

Neben einer Vielzahl blühender Sträucher und exotischer Pflanzen gibt es auch ein paar Volieren mit Papageien und Singvögeln. Auf dem Gelände befindet sich auch das kleine National Museum. *Majeedhee Magu*

■ ÜBERNACHTEN

KAM HOTEL [U E2–3]

Ruhig gelegenes Hotel mit Pool und alkoholfreier Bar. *29 Zi. | Meheli Goalhi | Tel. 332 06 11 | Fax 332 06 14 | www.kamhotel.com.mv | €*

NASANDHURA PALACE HOTEL [U F2]

Direkt am Hafen gelegen, mit schönem Garten. *31 Zi., 2 Suiten | Boduthakurufaanu Magu (Marine Drive) | Tel. 333 88 44 | Fax 332 08 22 | www.nasandhurapalace.com | €*

RELAX INN [U E–F2]

Schwimmbad auf der Dachterrasse, Sauna, Fitnessraum, Whirlpool, Billardzimmer und ein Restaurant mit herrlichem Ausblick. *Ameer Ahmed Magu | Tel. 331 45 31 | Fax 331 45 33 | www.relaxmaldives.com | €*

■ ESSEN & TRINKEN

Am Marine Drive (Thakurufaanu Magu) sowie an der Majeedhee Magu und rund um den ▶▶ Fisch-

Frauen in traditioneller Kleidung

markt gibt's einige kleine Restaurants mit einheimischen Spezialitäten (Fisch und Curries). Hier ist der Kontakt zu Einheimischen leicht möglich. *Insider Tipp*

■ AM ABEND

Diskotheken gibt's auf Male' nicht. Das einzige Kino zeigt meist indische Epen. Im Tanzcafé *Icege* spielt einmal wöchentlich eine Liveband.

■ AUSKUNFT

MALDIVES TOURISM PROMOTION BOARD [U D2]

Boduthakurufaanu Magu 12 (3. Stock) | Male' | Tel. 332 32 28 | Fax 332 32 29 | Mo–Do 9–12 Uhr

ASDHOO

[113 E4] Die Insel Asdhoo liegt im östlichen Teil des Nord-Male'-Atolls. Um die

BANDOS

ca. 350 m lange und 120 m breite, von Kokospalmen und Büschen bewachsene Insel herum gibt es schöne Sandstrände. Der schönste Strand liegt am westlichen Inselrand. Es gibt gute Schnorchel- und Tauchreviere. Man erreicht die 32 km vom Flughafen entfernte Insel mit dem Speedboat in 60 Min.

■ ÜBERNACHTEN ■

ASDU SUN ISLAND RESORT
Die Anlage besitzt 30 einfache Standardzimmer in Reihenbungalows. Das Restaurant serviert gute maledivische und internationale Küche, gelegentlich gibt es Büfetts und Barbecues. *Tel. 664 50 51 | Fax 664 01 76 | www.asdu.com | €*

■ FREIZEIT & SPORT ■

Als Tauchrevier empfiehlt sich das auch für Anfänger geeignete Hausriff vor dem südlichen Inselrand, das auf 30 m Tiefe sanft abfällt. Die Tauchbasis veranstaltet Ausfahrten zu weiteren Revieren. Zum Schnorcheln eignet sich die zwischen Insel und Hausriff gelegene große Lagune. Außerdem: Windsurfen, Wasserski, Volleyball, Kanufahren, Angeln.

BANDOS

[114 C1] ▶▶ Die ca. 600 x 400 m große Insel Bandos gehört zu den Klassikern des Tourismus auf den Malediven. Selbst fast 30 Jahre Tourismus konnten der Insel kaum etwas von ihrer Atmosphäre nehmen. Zwischenzeitlich wurde die Anlage gründlich renoviert und auf 213 Zimmer erweitert (ideal auch für Familien). Besonders gut ausgestattet sind die neuen Wasserbungalows. Mit ein Grund für ihre große Beliebtheit ist die Nähe zum Flughafen Hulule. Von dort aus ist die Insel mit dem Schnellboot in nur ca. 15 Min. zu erreichen. Sandstrände ziehen sich rund um die Insel, die Lagune eignet sich allerdings weniger zum Baden, weil das Wasser recht flach und von scharfkantigen Korallen durchsetzt

> BLOGS & FOREN
Gute Files und Tagebücher im Internet

> *www.malediven.net* – Viele interessante Beiträge von Maledivenreisenden auch mit kritischen Anmerkungen und einem eigenen Forum.

> *www.tauchen-auf-den-malediven. de* – Politische Nachrichten, aktuelle Infos zu Resorts, Inseln, Tauchspots, Flügen etc.

> *www.maledivenforum.de* – Hübsch gemachte Seite mit einem eigenen Newsletter.

> *www.bilder-malediven.de* – Privater Blog mit ein paar Reiseberichten.

> *www.logwave.com* – Bisher nur ein paar wenige Einträge, aber das kann sich ja noch ändern ...

> *www.malediven-world.de* – Neben Infos zu einzelnen Inseln auch Beiträge von Malediven-Reisenden.

> *www.unterwasser.de* – Kein Blog im eigentlichen Sinne, aber lesenswerte Berichte von Tauchern.

Für den Inhalt der Blogs & Foren übernimmt die MARCO POLO Redaktion keine Verantwortung.

ist. Ursache dafür ist das nur 30 m entfernte Hausriff, das sich dafür aber gut zum Schnorcheln eignet.

ÜBERNACHTEN

BANDOS ISLAND RESORT & SPA

Zwischen Strand und üppig grünem Tropenbewuchs liegen die Unterkünfte in fünf verschiedenen Kategorien. Alle sind seit der Renovierung (2005) mit jeglichem Komfort ausgestattet. Wer Individualität liebt, bewohnt einen der Wasserbungalows. Zwei Restaurants, ein Coffeeshop und drei Bars verwöhnen die Gäste. *Tel. 664 00 88 | Fax 664 38 77 | www.bandos.com | €–€€*

FREIZEIT & SPORT

Schnorcheln kann man bereits in geringer Entfernung vom Inselrand. Zudem gibt es ein Sportcenter mit Squash-, Tennis- und Badminton-Courts, mit Sauna und Massageräumen. Außerdem: Windsurfen, Wasserski, Katamaransegeln, Aerobic. Es gibt sogar einen Arzt vor Ort und eine Dekokammer für Tauchunfälle.

ZIELE IN DER UMGEBUNG

Wegen der geringen Entfernung sind Ausflüge nach Male' nur mit kurzer Anfahrtszeit verbunden. Dicht bei Bandos liegt die Insel *Little Bandos* (Kuda Bandos), ein beliebtes Ziel von Tagesausflüglern, das am Wochenende auch von Bewohnern der Hauptstadtinsel gern besucht wird.

BAROS

[114 B1] ⭐ Die 300 x 400 m große, hufeisenförmige Insel war eines der ersten Touristenresorts, wurde in 18-monatiger

Bauzeit erweitert und komplett umgestaltet und präsentiert sich seit 2005 nunmehr als 5-Sterne-Resort. Stammgäste, die Baros seit Jahren kennen, werden zu würdigen wissen, dass auch im Zuge des Umbaus große Teile der üppigen, Vegetation erhalten blieben. Vorteilhaft ist die Nähe zum Flughafen, die Distanz beträgt nur 16 km (mit dem Schnellboot ca. 30 Min.).

Farbenprächtige Bewohner der Unterwasserwelt: Doktorfische

ÜBERNACHTEN

BAROS MALDIVES

Die insgesamt 74 großzügigen Villen bieten jeglichen Komfort; während die Unterkünfte auf der Insel selbst grundlegend renoviert wurden, kamen zu den bestehenden 30 Wasservillen weitere 20 hinzu. Die Bungalows auf der Insel sind der großen, relativ tiefen Lagune zugewandt, die

BODU HITHI

Wasservillen sind auf Stelzen in der Lagune errichtet. Die Mahlzeiten werden im eleganten, futuristisch anmutenden Restaurant *Lighthouse* eingenommen, über dem Restaurant befindet sich eine Lounge. Die Alternativen dazu sind das *Cayenne Grill Restaurant* sowie das *Lime Restaurant* mit 24-Stunden-Service. *Tel. 664 26 72 | Fax 664 34 97 | www.baros.com | €€€*

■ FREIZEIT & SPORT

Vor dem westlichen Inselteil fällt das Hausriff steil ab, im Osten wird der feine Sandstrand durch Korallensteine geschützt. An der Hausriffseite befindet sich auch die Tauchbasis, die Anfänger nach dem PADI-Prinzip ausbildet und Ausfahrten zu interessanten Tauchrevieren im Nord-Male'-Atoll bietet. Zum Baden lockt die weite Lagune, zum Schnorcheln das nahe Hausriff. Sonstige Sportarten: Volleyball, Tischtennis, Billard, Windsurfen, Katamaransegeln und Parasailing. Im *Aquum Spa* findet man Ruhe und Entspannung während der Behandlungen, bei denen asiatische Pflanzen- und Blütenelixiere verwendet werden.

BODU HITHI

[112 B5] **Viele Jahre befand sich die üppig bewachsene und sehr gepflegte Insel Bodu Hithi im westlichen oberen Teil des Nord-Male'-Atolls sozusagen in italienischem Besitz, Besucher aus anderen Ländern wurden nur selten gesehen.** Das änderte sich, als 2006 die Coco-Palm-Gruppe das Resort übernahm, die Unterkünfte zu Villen umgestaltete und ein Luxusresort daraus machte.

Bodu Hithi ist etwa 250 x 300 m groß, die Entfernung von 30 km zum Flughafen sind in 40 Min. zurückgelegt.

■ ÜBERNACHTEN
COCO PALM BODU HITHI

100 vorwiegend aus einheimischen Materialien errichtete, komfortable Villen zählt die Hotelanlage. Besonders schön wohnt man in den 56 Wasservillen. Zu jeder Villa gehört ein kleiner Süßwasserpool, jene an Land haben sogar einen kleinen Privatgarten. Zwei Restaurants sowie eine Snackbar bieten Kulinarisches nicht nur von den Malediven. Bemerkenswert ist auch der gut sortierte Weinkeller, in dem Weinproben abgehalten werden. Noch mehr Exklusivität bieten die 12 großzügigen Unterkünfte auf der Nachbarinsel *Kuda Hithi,* die 2009 die ersten Gäste beherbergen und von Bodu Hithi aus gemanagt werden. *Tel. 664 11 22 | Fax 664 11 33 | www.cocopalm.com | €€€*

■ FREIZEIT & SPORT

Neben dem üblichen Wassersportangebot gibt es eine eigene Tauchbasis (Nitrox-Tauchen ist ebenso möglich wie die Grundausbildung nach dem PADI-Prinzip), die täglich Ausfahrten zu attraktiven Tauchrevieren anbietet. Die große Lagune eignet sich für Schwimmer; Schnorcheln ist am nahen Hausriff möglich. Großfische trifft man zu fast allen Jahreszeiten an mehreren Thilas (so nennt man die Teile eines Riffs, die auch bei Niedrigwasser nicht trocken fallen). Täglich werden auch kostenlose Tai-Chi- und Yogaübungen angeboten, außerdem gibt's einen Tennisplatz mit Flutlicht.

ERIYADHOO

[112 B3] Die kleine, noch urwüchsige, 300 x 100 m große Insel liegt im nordwestlichen Teil des Atolls. Zum Baden laden schöne Sandstrände, im nordwestlichen und südöstlichen Teil haben sich flache Sandbänke gebildet. Von Male' sind es 42 km; die Anfahrt mit dem Schnellboot dauert etwa eine Stunde.

■ ÜBERNACHTEN ■

ERIYADHOO ISLAND RESORT

Die Anlage wurde 1998 komplett renoviert. 57 Zimmer verteilen sich auf Zweier- und Dreier-Bungalows. In einem hübschen Restaurant und einem Coffeeshop werden einheimische Küche und Snacks angeboten. *Tel. 664 44 87 | Fax 664 59 26 | res-eriyadu@pch.com.mv | €*

■ FREIZEIT & SPORT ■

Um die weitgehend intakte Unterwasserwelt zu erleben, muss man nicht weit hinausfahren. Das Hausriff ist zum Schnorcheln und Tauchen geeignet. Es liegt nur etwa 100 m vom Ufer entfernt, Ausfahrten zu zahlreichen Tauchrevieren werden von der Tauchbasis veranstaltet. Zudem können Sie windsurfen, angeln, Wasserski fahren und Volleyball spielen.

FURANAFUSHI

[115 D1] Die Ferienanlage auf der 800 x 300 m großen Insel im südlichen Teil des Nord-Male'-Atolls ist nach grundlegender Renovierung jetzt sehr komfortabel. In der Nachbarschaft befinden sich weitere Touristenresorts wie *Kurumba*. Von Male' aus dauert die Anfahrt mit dem Speedboat ca. 15 Min.

Beim Schnupperkurs lernen Anfänger, mit der Tauchausrüstung umzughen

■ ÜBERNACHTEN ■

FULL MOON BEACH RESORT
Die 156 z. T. auf Pfählen ins Meer gebauten Unterkünfte liegen am Südufer der mit hohen Palmen bewachsenen Insel. Seit der Renovierung gibt es einen Swimmingpool und ein Spa. Ein Restaurant bietet einheimische und internationale Küche. Außerdem gibt es ein Spezialitätenrestaurant und einen Coffeeshop. *Tel. 664 2010 | Fax 664 1979 | www.full moonmaldives.com | €€€*

■ FREIZEIT & SPORT ■

Baden kann man in der Lagune beim Bootsanlegesteg, aber Vorsicht vor Korallenstöcken! Das höhlenreiche Hausriff macht Furanafushi zu einem beliebten Ziel für Tauchanfänger und Schnorchler, geübte Taucher finden ihr Revier am Außenriff *(www.euro divers.com)*. Außerdem: Windsurfen, Katamaransegeln, Angeln, Wasserski, Volleyball, Tennis.

GIRAAVARU

[114 B2] **Eine der kleinsten touristisch erschlossenen Inseln der Malediven ist dieses 280 x 90 m große Eiland am Südwestende des Atolls.** Vom Flughafen sind es nur 11 km (mit dem Schnellboot 15 Min.). Hier lebte einst eine Gruppe Einheimischer gleichen Namens. Das Völkchen musste die Insel verlassen, weil Erosion sie stark zerstört hatte. Heute leben die Giraavaru auf Male' und benachbarten Inseln.

■ ÜBERNACHTEN ■

GIRAAVARU TOURIST RESORT
65 komfortable Zimmer in zweistöckigen Bungalows mit Klimaanlage,

Dusche, Minibar und Kühlschrank. Reizvoll gebaut ist das offene Restaurant mit einem tief nach unten gezogenen Palmblattdach; serviert wird einheimische und internationale Küche (ein- bis zweimal pro Woche Büfett). Kleine Gerichte gibt es im Coffeeshop. *Tel. 3318422 | Fax 3318505 | www.giraavaru.com | €€*

■ FREIZEIT & SPORT ■

Es gibt einen Pool, einen schönen Sandstrand und eine Badelagune. Von Kennern gerühmt werden die Schnorchel- und Tauchreviere von Giraavaru *(www.planetadivers.com);* das Hausriff ist nur 20 m vom Strand entfernt. Ein hervorragendes Tauchrevier finden Sie auch am Kanal, der die beiden Teile des Male'-Atolls trennt. Außerdem: Windsurfen, Wasserski, Katamaransegeln, Kanufahren, Angeln, Volleyball, Tischtennis.

Insider Tip

■ ZIEL IN DER UMGEBUNG ■

Ganz in der Nähe liegt die Insel *Vilingili.* Sie war eines der ersten Touristenresorts auf den Malediven, wurde aber geschlossen, um Bewohner von Male' hierher umsiedeln zu können.

HELENGELI

[113 D2] **Zählt die zuvor beschriebene Insel Giraavaru zu den kleinsten Touristeninseln auf den Malediven, so ist Helengeli, am Nordostrand des Nord-Male'-Atolls gelegen, mit eine der größten.** 135 x 1000 m groß, braucht man sage und schreibe 1½ Std., um sie zu Fuß zu umrunden. Dabei trifft man auf eine stellenweise urwüchsige Landschaft, in die die Bungalows der Hotelanlage geschick eingefügt sind. Der schönste Strand auf Helengeli liegt vor dem Westufer. Die Anreise dauert etwa 45 Min. mit dem Speedboat.

ÜBERNACHTEN

HELENGELI TOURIST VILLAGE

50 geräumige, einzeln stehende Bungalows bilden das Helengeli Tourist Village, das 1979 erbaut und 2004 renoviert wurde. Im Restaurant stehen vor allem einheimische Gerichte auf der Speisekarte, gelegentlich BBQ am Strand. *Tel. 664 46 15 | Fax 664 28 81 | www.helengeli.net | €€*

FREIZEIT & SPORT

Selbst weit gereiste Taucher sind fasziniert von der Unterwasserwelt. Wracktaucher schwärmen von etlichen Schiffswracks, die nördlich von Helengeli liegen *(www.oceanprodiveteam.com).* Vorsicht: zeitweise kräftige Strömungen! Weitere Sportarten: Surfen, Angeln, Fußball, Volleyball, Badminton.

HEMBADHOO

[112 B4] Die 1997 umgestaltete, fast kreisrunde Insel Hembadhoo (Durchmesser 250 m) liegt am westlichen Rand des Nord-Male'-Atolls. Für die 32 km Distanz vom Flughafen benötigt man mit dem Speedboat gut 50 Min.

ÜBERNACHTEN

TAJ CORAL REEF

Unter hohen Kokospalmen stehen 30 Häuschen, in denen sich je zwei komfortable Unterkünfte mit Rattanmöbeln und Klimaanlage befinden. Außerdem sind 35 Wasserbungalows um die Inselspitze herumgebaut. Viel

Atmosphäre strahlt das Restaurant aus, in dem sich die Küche gut auf die Zubereitung einheimischer Spezialitäten versteht. *Tel. 664 19 48 | Fax 644 38 84 | www.tajhotels.com | €€*

Eine Schale Tee in der Badewanne gefällig?

FREIZEIT & SPORT

Den zum Baden geeigneten Strand findet man nahe der Rezeption. Hembadhoo selbst ist kein Paradies für Taucher mehr – Wettereinflüsse, aber auch die vielen Besucher haben in der Vergangenheit die Unterwasserwelt stark beschädigt. Es wird Jahrzehnte dauern, bis der ursprüngliche Zustand wiederhergestellt ist. Strömungs- und fischreich ist jedoch das Außenriff, das man mit dem Boot der

PADI-Tauchschule erreicht. Außerdem: Windsurfen, Wasserski, Katamaransegeln, Angeln, Kanufahren, Volleyball und Badminton.

HUVAFEN-FUSHI

[112 B5] ★ **Wer in Zukunft nach der einst vor allem bei deutschen Malediven-Besuchern beliebten Insel Nakachchaafushi sucht, wird jetzt unter dem Buchstaben „H" des Alphabets fündig.** Nach einem Besitzerwechsel erhielt die nahe dem westlichen Außenriff des Nord-Male'-Atolls gelegene, 350 x 100 m große Insel nämlich den neuen Namen *Huvafenfushi*. Und nicht nur das: Auch eine neue Hotelanlage wurde gebaut, wodurch das Resort nunmehr zu einer 5-Sterne-Anlage aufgestiegen ist. Die Insel wird seit vielen Jahren wegen ihrer außergewöhnlich schönen Badestrände gelobt, die an die bis zu 9 m tiefe Lagune grenzen. Vom Flughafen beträgt die Entfernung etwa 24 km (mit dem Schnellboot ca. 30 Min.).

■ ÜBERNACHTEN ■

HUVAFENFUSHI SPA RESORT

Nur 43 Bungalows stehen seit der Neubebauung für Gäste zur Verfügung. Die Investition der neuen Besitzer betrug eigenen Angaben zufolge rund 25 Mio. (!) Euro. Jede Villa mit einer Wohnfläche von 43 bis 800 m^2 wurde ein eigener Privatstrand zugewiesen, von den Ocean- und Lagoon-Bungalows gelangt man über eine Leiter direkt ins Wasser. Allen Unterkünften ist die komfortable Ausstattung gemein, sie reicht vom Flachbild-TV bis zur Espressomaschine. Wer nicht in der eigenen Villa speist, tut dies im Restaurant *Celsius* (internationale Küche) oder im Restaurant *Salt* mit vorzüglichen Fischgerichten. Außerdem gibt es ein drittes Restaurant mit dem Namen *Raw*. Fast schon selbstverständlich

Huvafenfushis Strand gehört zu den schönsten, die die Malediven zu bieten haben ist der in den Korallenstock gegrabene Weinkeller, in dem mehr als 6000 Flaschen aufbewahrt werden. *Tel. 6444222 | Fax 6444333 | www. huvafenfushi.com | €€€*

FREIZEIT & SPORT

Vor dem östlichen Inselteil liegt in etwa 150 m Entfernung das Hausriff mit zwei Öffnungen; Tauchen und Schnorcheln ist hier gleichermaßen interessant. Taucher zieht es aber eher zum weiter draußen gelegenen Außenriff mit einigen strömungsreichen Kanälen, Ausfahrten organisiert die inseleigene PADI-Tauchschule. Auf der Insel gibt es eine meeresbiologische Station, in der sich Meereskundler mit dem Wachstum der Korallen beschäftigen. Für Gäste besteht die Möglichkeit, eine Koralle zu „adoptieren", ihr einen Namen zu geben und diese gemeinsam mit der Meeresbiologin am Hausriff zu pflanzen. Das Spa bietet als Besonderheit einen Massageraum unter Wasser, in dem Sie durch Glaswände das Leben im Meer beobachten können. Nichtmotorisierte Sportarten sind im Preis enthalten, außerdem gibt es ein Sportcenter.

AM ABEND

Den abendlichen Drink oder Cocktail nimmt man in der Open-Air-Bar unter sternenklarem Himmel. Außerdem gibt es eine reiche Auswahl an Videos und Musik-CDs. Bisweilen gibt es Livemusik.

IHURU

[112 B6] ★ **Nur zehn Minuten brauchen Sie, um die kleine, runde Insel (Durchmes-**ser 200 m) zu Fuß zu umrunden. Sie liegt günstig zum Flughafen, ist in einer Stunde von dort aus zu erreichen und besitzt einen gewissen Charme, der einen Aufenthalt zum Erlebnis macht. Die Insel ist von einem breiten Sandstrand umgeben, vor dem eine kreisrunde Lagune liegt. Ihuru wurde übrigens für seine intensiven Umweltschutzbemühungen ausgezeichnet. So wurden hier z. B. Versuche unternommen, mittels schwacher elektrischer Ströme das Korallenwachstum anzuregen. Das Resort soll evtl. 2009 geschlossen und komplett neu bebaut werden.

ÜBERNACHTEN

ANGSANA RESORT & SPA
Das Resort steht unter demselben Management wie Banyan Tree, ist preislich gesehen aber derzeit noch etwas günstiger als Banyan Tree. 45 Zimmer in Reihenbungalows, hübsches Restaurant mit internationaler Küche, schönes Spa. *Tel. 6643502 | Fax 664 59 33 | www.ang sana.com | €€€*

FREIZEIT & SPORT

Tauchen und schnorcheln kann man am Haus- bzw. am Außenriff; zu Letzterem werden täglich Ausfahrten veranstaltet. Es gibt eine Tauchschule, die auch nach dem PADI-Prinzip ausbildet. Das Sportangebot umfasst Windsurfen (zwischen Ihuru und der Nachbarinsel Vabbinfaru), Wasserski, Katamaransegeln, Angeln, Aerobic, Volleyball.

ZIEL IN DER UMGEBUNG

Zur Nachbarhotelinsel *Vabbinfaru (Banyan Tree)* ist es nicht weit (regelmäßiger Bootstransfer).

KANIFINOLHU

[113 D6] **Die Insel Kanifinolhu, kurz Kani genannt, liegt inmitten der touristisch am besten erschlossenen Region der Malediven.** Die halbmondförmige Insel am östlichen Rand des Nord-Male'-Atolls ist 800 x 180 m groß. Man erreicht sie vom Flughafen aus in etwa 45 Min. mit dem Speedboat.

■ ÜBERNACHTEN

CLUB MED ⭐

209 hübsche Unterkünfte, davon 49 Wasserbungalows, mit allem Komfort gibt es auf der mit vielen Büschen und Palmen bewachsenen Insel. Alle verfügen über Klimaanlagen. Zwei Restaurants bieten die vielfältige, französisch angehauchte Club-Med-Küche. *Tel. 664 31 52 | Fax 664 48 59 | www.clubmed.com | €€€*

■ FREIZEIT & SPORT

Ausfahrten für Taucher veranstaltet die PADI-Tauchbasis *(www.eurodivers.com)*; interessant sind die Reviere an der Riffaußenseite. Zum Schnorcheln schwimmt man an das ca. 400 m entfernte Hausriff. Bis auf wenige Ausnahmen (z. B. Hochseefischen) ist das Sportangebot im Preis inbegriffen.

■ AM ABEND

Ab und zu kommen Musiker vorbei und greifen in die Tasten. Aufwändig ist das schon fast legendäre ▶▶ Club-Med-Animationsprogramm.

KANU HURAA

[113 D6] **Die Insel Kanu Huraa im Nord-Male'-Atoll ist nicht zu verwechseln mit** der gleichnamigen Insel im Lhaviyani-Atoll. Die hier gemeinte Insel liegt am östlichen Rand des Nord-Male'-Atolls. Sie ist schmal, aber ca. 600 m lang und besitzt eine üppige tropische Bepflanzung. Die Entfernung zum Flughafen beträgt nur etwa 18 km (mit dem Schnellboot ca. 30 Min.).

■ ÜBERNACHTEN

DHONVELI BEACH RESORT & SPA

146 geschmackvoll eingerichtete, großzügige Bungalows, teils auf zwei Etagen. Die schönsten Zimmer, die Vistasuiten, bieten mit einer Wohnfläche von 138 m² reichlich Platz und wurden nach erheblichen Tsunamischäden wieder aufgebaut. Die Mahlzeiten werden im *Banana Garden Restaurant* serviert, die Küche ist international. Es gibt auch ein Spa. *Tel. 664 00 55 | Fax 664 00 66 | www.dhonvelibeach.com | €€*

■ FREIZEIT & SPORT

Zwischen Kanu Huraa und dem Außenriff liegt eine teilweise zum Baden geeignete Lagune mit einem gepflegten Sandstrand. Tauchen erlernt man in der inseleigenen Tauchbasis, alternative Sportarten sind Schnorcheln, Windsurfen, Kanufahren, Tennis und mehr. Moderne Fitnessgeräte gibt es im *Sports Center.*

■ ZIELE IN DER UMGEBUNG

Gleich nebenan liegt eine kleine, unbewohnte und (noch) namenlose Insel. Zum Four-Seasons-Resort *Kuda Huraa* kann man bei Ebbe zu Fuß hinüberwaten. Einen Besuch lohnt auch die bewohnte Insel *Huraa* mit ca. 400 Bewohnern; dort können Sie einkaufen.

KUDA HURAA

[113 D6] ⭐ **Erst recht nach der (Tsunami-bedingten) Wiedereröffnung im Frühjahr 2006 präsentiert sich das Four Seasons Resort auf der Insel Kuda Huraa in luxuriösem Ambiente.** Die längliche Insel ist locker mit Palmen bestanden, zwischen denen sich die Gebäude elegant verteilen. Die Distanz zwischen Flughafen und Insel beträgt nur 18 km (Anfahrt mit dem Schnellboot ca. 30 Min.).

▬ ÜBERNACHTEN

FOUR SEASONS MALDIVES RESORT
Geblieben ist nur die Zahl der mit allem Komfort ausgestatteten 106 Villen, die einer grundlegenden Verschönerungskur unterzogen wurden. Das Resort zählt zur absoluten Luxusklasse der Malediven. Die Beach Bungalows verfügen über einen eigenen Planschpool, die Wasserbungalows über ein nicht einsehbares Sonnendeck. *Tel. 664 48 88 | Fax 664 49 00 | reservations.maldives@fourseasons.com | €€€*

▬ ESSEN & TRINKEN ▬

Die Mahlzeiten werden in einem der drei Restaurants eingenommen; außerdem gibt es einen Coffeeshop und eine Bar. Im Restaurant *Baraabaru* werden die regionalen Speisen vor den Augen der Gäste zubereitet.

▬ FREIZEIT & SPORT ▬

Die Insel Kuda Huraa bietet an der Westseite eine der schönsten Badelagunen der maledivischen Inselwelt. Dazu umsäumt ein makellos weißer Sandstrand von einigen Metern Breite die ganze Insel. Schwimmen

Fischer auf Kanu Huraa

und baden ist deshalb rund um die Insel möglich, zum Schnorcheln eignet sich das etwa 200 m vom Strand entfernte Hausriff; sechs Tauchlehrer stehen bereit, tägliche Ausfahrten zu faszinierenden Tauchplätzen zu organisieren. Nitroxtauchen ist möglich. Wer Salzwasser nicht mag oder Abwechslung sucht, findet diese im längsten Süßwasserpool der Malediven (25 m). Außerdem: Windsurfen, Katamaransegeln, Beachvolleyball, Fitnesscenter, Spa und vieles andere. Reichhaltiges Ausflugsprogramm.

KURUMBA

[114 C1] **Die nur 4 km nördlich von Male' gelegene, 500 x 250 m große Insel trug bis zu ihrer Einrichtung als erstes Touristenresort der Malediven den Namen Vihamanaafushi („Insel ohne giftige Pflanzen"), seither heißt sie Kurumba Village, was „Kokosnussdorf" bedeutet.** Etwas versteckt hinter dem Empfangsgebäude liegt das Grabmal des ersten

Staatspräsidenten der Malediven, Amin Didi. Wegen ihrer Nähe zum Flughafen (Transfer vom Flughafen mit dem Motordhoni weniger als 15 Min.) ist die Insel Kurumba eine der beliebtesten Hotelinseln der Malediven. Kurumba wurde komplett renoviert und 2005 wieder eröffnet.

■ ÜBERNACHTEN ■■■■■■■■

KURUMBA VILLAGE TOURIST RESORT
Die 180 Zimmer, die in bungalowartigen Gebäuden geschickt in den von Palmen gesäumten Strand integriert wurden, sind seit der Komplettrenovierung sehr ansprechend ausgestattet. Klimaanlagen sind ebenso selbstverständlich wie Duschen und Telefon. Zu jedem Zimmer gehört eine Terrasse mit Meerblick. Jeder Bungalow besitzt Sonnenkollektoren, die das Wasser für die Duschen erhitzen.
Tel. 664 23 24 | Fax 664 38 85 | www.kurumba.com | €–€€

■ ESSEN & TRINKEN ■■■■■■■

Fünf Restaurants: *Vihamanaa* und *Golden Cowrie* (internationale Küche), *Mahal* (indisch), *Barbecue Terrace* (Grill und Meeresfrüchte) *Ming Court* (chinesisch). Außerdem Coffeeshop mit 24-Stunden-Service.

■ FREIZEIT & SPORT ■■■■■■■

Die schönsten Strände befinden sich an der Seite der Schiffsanlegestelle, auf der anderen Seite sind sie recht schmal. Die Lagune im Süden ist flach. Korallenstöcke wachsen bis dicht an die Wasseroberfläche heran; hinderlich sind auch die künstlichen Wellenbrecher, die fast die ganze Insel umgeben. Schnorchler finden schon an dem 50–100 m entfernten

und an vier Stellen geöffneten Hausriff eine schöne, aber leider ziemlich geschädigte Unterwasservegetation; Taucher werden deshalb das nur eine halbe Bootsstunde entfernte Revier am fischreichen *Vaadhoo-Kanal* vorziehen. Tauchausbildung ermöglicht die *Eurodivers-Tauchschule* (PADI-Prinzip, *www.eurodivers.com*). Den Hotelgästen stehen zwei Süßwasser-Pools zur Verfügung. Ferner: Windsurfen, Wasserski, Katamaransegeln, Tennis, Fitnesscenter mit Sauna.

LANKAN-FINOLHU

[115 D1] Die ca. 1000 x 230 m große Insel Lankanfinolhu liegt am östlichen Rand des Nord-Male'-Atolls und ist besser unter dem Namen Paradise Island bekannt. Am nördlichen Inselrand erstreckt sich ein schöner Strand, der sich ins Meer hinaus in einer flachen Sandbank fortsetzt. Vom Flughafen bis zur Insel sind es 11 km (mit dem Speedboat knapp 15 Min.).

■ ÜBERNACHTEN ■■■■■■■■

PARADISE ISLAND RESORT & SPA
Die Kapazität des Fünf-Sterne-Resorts wurde jüngst auf 260 Apartments, davon 40 Wasserbungalows, erweitert. Die Letzteren sind äußerst geschmackvoll eingerichtet, sollen bis Anfang 2009 durch weitere Wasserbungalows ergänzt und dann mit eigenem Restaurant, eigener Bar und Rezeption unter dem Namen *The Haven* angeboten werden. Klimaanlagen, Kühlschränke und Duschen sind vorhanden. Restaurant mit internationaler Küche, Coffeeshop sowie drei

NORD-MALE'-ATOLL

Spezialitätenrestaurants (japanisch, italienisch, Seafood). *Tel. 644 00 11 | Fax 644 00 22 |* www.villahotels.com *| Buchung in Deutschland: Villa Holidays Touristik GmbH | Kaiserstr. 8 | 60311 Frankfurt/M. | Tel. 069/ 91 39 65 44 | Fax 91 39 65 45 | €–€€€*

▪ ZIEL IN DER UMGEBUNG ▪

Das Paradise Island Resort organisiert Ausflüge (zum Einkaufen) zur Einheimischeninsel *Himmafushi*. Vom Tsunami schwer getroffen, wurde diese Insel inzwischen komplett wieder aufgebaut.

Wahrhaft königlich: die „Royal Suite" im Kurumba Village Tourist Resort

▪ FREIZEIT & SPORT ▪

Etwa 500 m entfernt liegt an der östlichen Seite der Insel das Außenriff, an der gegenüberliegenden Seite befindet sich ein weitgehend intaktes Hausriff. Zudem Windsurfen, Segeln, Wasserski, Volleyball, Tennis, Badminton und Squash. Auch für behinderte Menschen ist Paradise Island empfehlenswert: Es gibt befestigte Wege, und die Tauchbasis *Delphis Diving* (www.delphis.com.mv) bietet spezielle ==Kurse für Behindertentauchen== an.

LANKANFUSHI

[113 D6] Wie Perlen an einer Kette reihen sich am östlichen Rand des Nord-Male'-Atolls etliche Hotelinseln. Lankanfushi ist eines der originellsten Resorts davon, denn seit der Übernahme durch die feine Soneva-Hotelkette, die im Baa-Atoll die Hotelinsel Sonevafushi betreibt, gibt es nur noch Bungalows, die in der Lagune stehen. Auf der Insel selbst befinden sich noch das Restaurant, die Bar und der Souvenirladen. Die Entfernung zum Flughafen beträgt nur 10 km (mit dem Speedboat etwa 15 Min.).

■ ÜBERNACHTEN ■

SONEVA GILI RESORT & SPA ⭐

Den 44 Villen sieht man den außergewöhnlichen Komfort von außen kaum an, denn sie sind aus natürlichen Materialien rustikal gebaut. Besonders originell sind die **sieben Villen, die in der Lagune stehen** und nur mit dem Boot erreichbar sind – ein

Insider Tipp

international, die Mahlzeiten nimmt man im Gourmetrestaurant *Al Fresco* oder gleich in der Villa ein. Das Spa für kosmetische Behandlungen und Massagen sowie ein Dampfbad befinden sich ebenfalls auf der Insel. *Tel. 664 03 04 | Fax 664 03 05 | www.six-senses.com | €€€*

■ FREIZEIT & SPORT ■

Die Lagune ist weitläufig und eignet sich zum Baden wie zum Schnor-

Wohnen auf dem Wasser: Soneva Gili Resort & Spa auf Lankanfushi

perfekter, aber auch teurer Rückzugsort für Zivilisationsmüde. Auch hier bietet sich der ganze Komfort: von der Hi-Fi-Anlage bis zum Internetanschluss. Alle Villen sind zweistöckig; in der oberen Etage gibt es ein Sonnendeck. Ein Luxus, den man freilich bezahlen muss: Um die 900 Euro kostet die kleinste Villa mit einer Fläche von „nur" 110 m^2 – pro Nacht, versteht sich. Die Küche ist

cheln. Es gibt eine eigene Tauchbasis, zum weiteren Sportangebot zählen u.a. Windsurfen, Kanufahren, Tennis und das *Sports Center* mit Fitnessgeräten.

■ AM ABEND ■

In der Bar sitzt man im Kreis um eine Öffnung herum, durch die sich die vorbeischwimmenden Fische beobachten lassen.

NORD-MALE'-ATOLL

ZIELE IN DER UMGEBUNG

Bei Soneva Gili liegen weitere Inseln wie *Paradise Island* oder das *Four Seasons Resort*. Ausflüge nach Male' und auf die Einheimischeninsel *Himmafushi* (Einkaufsmöglichkeit).

LOHIFUSHI

[113 D6] **Die 900 x 350 m große Insel liegt direkt am östlichen Außenriff des Nord-Male'-Atolls.** Vom Flughafen sind es etwa 26 km, die mit dem Motordhoni in 90 Min. zurückgelegt sind.

ÜBERNACHTEN

LOHIFUSHI ISLAND RESORT
Die Anlage besteht aus 127 Bungalows, von denen etwa je die Hälfte Standard- und Superiorkomfort bieten. Alle Bungalows verfügen über Klimaanlagen, kleine Terrassen zum Meer hin sowie Duschen. Ebenfalls neu erbaut wurde das teilweise ins Meer hineinreichende Restaurant; die Mahlzeiten werden als Büfett serviert. Tel. 664 34 51 | Fax 664 19 08 | *www.lohifushi.com* | €

FREIZEIT & SPORT

Wer mit dem Pool nichts anfangen kann, der ist zumindest bei Flut in der sonst flachen Lagune gut aufgehoben. Die Tauchschule bietet Ausfahrten zum Außenriff an. Schnorchler finden am 300 m entfernten Hausriff ein schönes Revier. Zudem: Windsurfen, Angeln, Tennis, Squash, Tischtennis, Billard, Badminton.

ZIEL IN DER UMGEBUNG

Bei Niedrigwasser kann man zur Nachbarhotelinsel *Gasfinolhu* hinüberwaten (500 m entfernt).

MAKUNUDHOO

[112 B3–4] ⭐ **Nur 210 x 100 m groß ist die Insel Makunudhoo. Von Male' hierher sind es 39 km (mit dem Schnellboot ca. eine Stunde).** Die Insel liegt am nordwestlichen Ende des oberen Drittels des Nord-Male'-Atolls und erfreut sich großer Beliebtheit bei einem internationalen Stammpublikum sowie bei Familien. Der gepflegte Badestrand liegt vor dem südöstlichen Teil der Insel, davor breitet sich die großflächige Lagune aus.

ÜBERNACHTEN

MAKUNUDHOO ISLAND
Die 36 Apartments in ansehnlichen Doppelhäuschen verfügen nur über einen guten Komfort (Klimaanlagen in allen Apartments). Mit Blick zum Meer speisen kann man in dem originell gebauten Restaurant – gute Fischgerichte. *Tel. 44 64 64 | Fax 44 65 65 | www.makunudu.com* | €€

Insider Tipp

EINKAUFEN

In der exquisiten Inselboutique können Sie sich Kleidung individuell anfertigen lassen.

FREIZEIT & SPORT

Schwimmen kann man in der riesigen Lagune, allerdings gibt es hier etliche Korallenstöcke. Schnorcheln kann man am Hausriff, Taucher zieht es jedoch mehr zum nordwestlich gelegenen Außenriff und noch weiter hinaus zum benachbarten *Gaafaru-Atoll* mit mehreren interessanten Schiffswracks. Weitere Sportarten sind: Windsurfen, Wasserski, Angeln, Aerobic, Volleyball. Zudem gibt es eine Beautyfarm.

AM ABEND

Immer freitags führen Einheimische den traditionellen Tanz *Boduberu* vor, einmal wöchentlich gibt es eine Beachparty für alle Gäste.

MEDHI FINOLHU

[112 A–B4] Die 850 m lange und nur 80 m breite Insel Medhi Finolhu am äußersten westlichen Rand des Nord-Male'-Atolls trägt auch den Beinamen Reethi Raa, was so viel wie „hübsche Insel" bedeutet. Die Entfernung zum Flughafen beträgt ca. 35 km, die in gut 45 Minuten mit dem Schnellboot überwunden sind.

>LOW BUDGET

> Ein preiswertes Gästehaus in Male' ist das *Viligili View Inn* mit 12 großen, klimatisierten Zimmern und Blick auf die Nachbarinsel Viligili. *Majeedi Magu | Tel. 332 11 35 | Fax 332 52 13 | Zimmer mit Frühstück ab ca. 30 Euro*

> Im *Seagull Café* auf Male' sitzt man herrlich unter Bäumen, und die Nudelgerichte kosten nur einen Bruchteil dessen, was man in den Coffeeshops auf den Hotelinseln verlangt. *Tgl. | Fareedhi Magu | Tel. 332 33 32*

> Was man zum Schnorcheln & Tauchen braucht, gibt's in den vielen kleinen Geschäften im Zentrum von Male' günstiger als zu Hause. Gleich gegenüber dem Dhoni-Hafen findet man zahlreiche Geschäfte, die unschwer an ihren Auslagen zu erkennen sind. *Zum Teil Fr und während der Gebetszeiten geschl.*

ÜBERNACHTEN

ONE & ONLY REETHI RAA RESORT & SPA ▶▶

Das 2005 eröffnete Resort ist Mitglied der One-&-Only-Resorts und bietet hervorragenden Service. Die 130 Villen sind aus natürlichen Materialien erbaut und mit Liebe zum Detail ausgestattet; alle haben direkten Zugang zum Strand. Die Unterkünfte der besten Kategorie verfügen über eine Fläche von 241 m^2. Große Badezimmer mit Außendusche, Föhn, Telefon, Plasma-TV, DVD-Player, Internetzugang, Klimaanlage, Tee-/Kaffeezubereiter, Minibar, 24-Stunden-Butlerservice und eine große Terrasse mit Sonnenliegen sind hier selbstverständlich. Über das Wasser gespannte Netze bieten in einigen Villen eine ideale Möglichkeit zum Entspannen und Sonnenbaden.

Im Hauptrestaurant *Reethi* (mediterrane und asiatische Küche) gibt es abends eine Showküche, im Überwasserrestaurant *Tapasake* japanische Spezialitäten. Die *Fanditha Lounge and Restaurant* bietet asiatische und arabische Küche. Außerdem eine Bar, ein Nachtclub, zwei Swimmingpools, ein Kinderbecken mit Rutsche, eine Boutique, ein Spa, Miniclub *Kids Only* (2–11 Jahre) sowie gelegentliche Abendunterhaltung mit Livemusik. *Tel. 664 88 00 | Fax 331 64 46 | reservations@oneandonlyresorts.com.mv | €€€*

FREIZEIT & SPORT

Ein 6 km langer, weißer Sandstrand umrahmt die Insel; es gibt traumhafte Buchten mit türkisblauem Wasser. Die deutschsprachige Tauchschule (PADI) veranstaltet Ausfahrten zu faszinierend... ...auchgebieten, auch Nitrox-Tauc... ...Tauchen mit O^2 angereicherten... ...ngasgemischen).

Sonstige... ...bote: Fitnesscenter, Windsurfen, ...nis, Tretboote, Kajak, Beach... ...yball, Badminton, Boccia, Tisc... ...nis, Fußball, Darts. Gegen Gebü... ...ußerdem Wasserski, Wakeboard, Pa...sailing, Segeln, Katamaran, Fu...Tubes, Bananaboat. Hochseefisch... verschiedene Ausflüge. Beauty & Wellness bietet das

fushi, von denen die erste 1978 zum Touristenresort ausgebaut wurde, während die andere ausschließlich von Einheimischen bewohnt blieb. Im Westen der Insel Meerufenfushi – kurz *Meeru* genannt – erstreckt sich eine weitläufige Lagune vor einem schneeweißen Sandstrand, die sich wegen nur geringer Korallenbestände sehr gut zum Baden eignet. Die Anfahrt mit dem Speedboat dauert eine Stunde, die Distanz beträgt etwa 40 km.

Vor Meerufenfushi ist die Sicht unter Wasser phantastisch klar

exklusive *One & Only Spa* mit Dampfbad, Sauna, Jacuzzi, Massagen und Schönheitsbehandlungen.

MEERUFEN-FUSHI

[113 E4–5] Am östlichen Außenriff des Nord-Male'-Atolls liegen die beiden Inseln Meerufenfushi (1400 x 450 m) und Dhif-

■ ÜBERNACHTEN ■
MEERU ISLAND RESORT

Noch aus den Gründerjahren des maledivischen Tourismus stammt diese Hotelanlage, die deshalb jetzt vergleichsweise günstig ist. Zu den 225 in Reihenbauweise erstellten Bungalows sind 29 Wasservillen neu hinzugekommen. Die Anlage wirkt insgesamt sehr gepflegt, Palmen und Büsche bestimmen das Landschaftsbild.

Die Mahlzeiten werden im offenen Restaurant eingenommen. Coffeeshop. *Tel. 664 31 57 | Fax 664 59 46 | www.meeru.com | €–€€*

■ FREIZEIT & SPORT

Ausfahrten zum nahen Außenriff des Nord-Male'-Atolls veranstaltet die *Ocean Pro Tauchbasis (www.ocean pro-diveteam.com).* Auch wenn Sie nur schnorcheln wollen, empfiehlt sich der Bootstransfer dorthin. Weitere Sportarten: Windsurfen, Wasserski, Katamaransegeln, Angeln, Volleyball, Fußball, Badminton.

■ ZIEL IN DER UMGEBUNG

Die Nachbarinsel *Dhiffushi* ist nur etwas mehr als einen Steinwurf entfernt. Die Insel wurde nach Tsunamischäden wiederaufgebaut.

THULHAAGIRI

[112 C6] Die 300 m breite und 200 m lange Insel Thulhaagiri liegt etwa in der Mitte des unteren Drittels des Nord-Male'-Atolls. Um einen Teil der Insel ziehen sich schöne Sandstrände, die breitesten liegen an der westlichen Seite. Die Distanz von 15 km zum Flughafen ist in ca. 30 Min. zurückgelegt.

■ ÜBERNACHTEN

THULHAAGIRI ISLAND RESORT

58 in Rundform gebaute Bungalows unter Kokospalmen sowie 17 Wasserbungalows bilden die Anlage (alle Räume mit Klimaanlage). Bis Ende 2009 sollen weitere 20 Wasserbungalows entstehen. Die Gäste bedienen sich zu allen Mahlzeiten am reichhaltigen Büfett. Das Essen wird im großen, offenen Restaurant serviert. All-

inclusive ist möglich. *Tel. 664 59 30 | Fax 664 59 39 | reserve@thulhaagiri.com.mv | €–€€*

■ FREIZEIT & SPORT

Schnorchler finden am Lagunenrand ihr Revier; täglich Ausfahrten zu reizvollen Tauchrevieren in der näheren Umgebung. Die Tauchausbildung erfolgt nach dem PADI-Prinzip. Weitere Sportarten: Windsurfen, Wasserski, Katamaransegeln, Angeln, Volleyball, Badminton, Tischtennis.

■ AM ABEND

Amüsant sind die die Krabbenrennen, bei denen wie beim Pferderennen auf die schnellsten bzw. langsamsten Strandkrabben gesetzt wird.

VABBINFARU

[112 B6] ★ Vabbinfaru, 24 km von Male' entfernt, ist eine der kleinsten touristisch erschlossenen Inseln der Malediven. Sie ist fast rund und hat einen Durchmesser von gerade mal 120 m. Wer Ruhe und Entspannung sucht, ist hier besonders gut aufgehoben. Unter der Regie der *Banyan Tree Resorts* wurde die Insel zu einem der feinsten Refugien für einen Malediven-Urlaub ausgebaut. Zum Baden eignet sich die große Lagune, zum Trocknen hinterher (bei Ebbe) eine der beiden Sandbänke oder (bei Flut) der Strand vor dem südlichen Inselteil.

■ ÜBERNACHTEN

BANYAN TREE

Die 48 einzeln stehenden, in Rundform erbauten Bungalows sind sehr geschmackvoll eingerichtet und bieten allen Komfort. Im Restaurant,

NORD-MALE'-ATOLL

Ruhe und Erholung in luxuriösem Ambiente bietet Banyan Tree (Vabbinfaru)

das auf Wunsch auch den eigenen Fang zubereitet, wird exzellente einheimische und internationale Küche geboten. *Tel. 664 31 47 | Fax 664 38 43 | www.banyantree.com | €€€*

FREIZEIT & SPORT

Die Tauchbasis wird von erfahrenen Profis gemanagt. In der Nähe gibt es viele zauberhafte Tauchplätze. Schnorcheln kann man gut im südlich der Insel gelegenen Lagunenteil. Außerdem: Wasserski, Katamaransegeln, Angeln, Volleyball, Badminton.

AM ABEND

Abends kommen Stachelrochen in die Lagune, die sich streicheln und füttern lassen. Aber Vorsicht: Der Stachel ist nicht ungefährlich!

ZIYAARAIY-FUSHI

[112 B4] Glaubt man den Berichten Einheimischer, ist die 350 x 60 m große Insel erst vor 100 Jahren entstanden. Ziyaa-

raiyfushi besitzt wohl einen der schönsten Strände auf den Malediven, vor dem eine große flache Lagune mit wenig Korallenstöcken zum Baden einlädt. Die Anlage wurde nach Renovierung 1999 wieder eröffnet. Sie erreichen die Insel am westlichen Rand des Nord-Male'-Atolls mit dem Schnellboot in 45 Min.

ÜBERNACHTEN

SUMMER ISLAND VILLAGE
108 Bungalows stehen unter Kokospalmen, Terrassen erlauben den Blick aufs Meer; außerdem gibt es einige Wasserbungalows und ein Spa, einen Coffeeshop und ein rustikales Restaurant. *Tel. 664 19 49 | Fax 664 19 10 | www.summerislandvillage.com | €–€€*

FREIZEIT & SPORT

Das Außenriff liegt in westlicher Richtung und ist ein schönes Tauchrevier. Zum Schnorcheln empfiehlt sich eine der Lagunen. Zudem: Windsurfen, Wasserski, Katamaransegeln, Kanufahren, Angeln, Volleyball.

> SMARAGDE, GLITZERND IM PERLMUTTSAND

Klein, aber fein sind die Inseln im Süd-Male'-Atoll jenseits des Vaadhoo-Kanals

> **Nur der schmale, aber bis 1883 m tiefe Vaadhoo-Kanal** mit starker Strömung trennt das ca. 20 x 35 km messende Süd-Male'- vom Nord-Male'-Atoll. Hier finden sich Kleinode, die einerseits den Reiz der Abgeschiedenheit, andererseits den Vorzug der relativen Nähe zur Metropole Male' und dem Flugplatz Hulule besitzen. Zudem ist das Süd-Male'-Atoll ein Dorado für Surfer. Auf 17 der 32 Inseln wurden Touristenresorts eingerichtet, von Einheimischen bewohnt sind die Inseln *Gulhi*, *Guraidhoo* und *Maafushi*, 12 Inseln sind unbewohnt.

BOLIFUSHI

[114 B3] Nur 100 x 50 m misst die Insel Bolifushi, trotzdem fand man genug Platz für ein kleines, hübsches Hotel und acht Bungalows (2002 renoviert). Rund um die Insel zieht sich ein breiter Strand, baden können Sie in der Lagune. Anfahrt mit dem Speedboat ca. 20 Min.

Bild: Bolifushi, Süd-Male'-Atoll

SÜD-MALE'-ATOLL

■ ÜBERNACHTEN

BOLIFUSHI ISLAND RESORT
55 Zimmer in einem zweistöckigen Gebäude und 15 Wasserbungalows. Coffeeshop auf Stelzen über dem Meer, ein Restaurant. *Tel. 664 35 17 | Fax 664 59 24 | gateway@dhivehi net.net.mv | www.bolifushi.com | €*

■ FREIZEIT & SPORT

Die besten Tauchreviere liegen am Außenriff sowie am nahe gelegenen Vaadhoo-Kanal (viele Großfische). Schnorcheln können Sie am Hausriff. Außerdem: Windsurfen, Wasserski, Katamaransegeln, Angeln, Volleyball, Tischtennis.

COCOA ISLAND

[114 C5] ⭐ Es war einmal eine Insel im Reich der Malediven, die hatte es einem deutschen Fotografen ganz besonders angetan. So ähnlich könnte das Märchen be-

COCOA ISLAND

ginnen, das auf Cocoa Island, gelegen im Süd-Male'-Atoll und ungefähr 30 km und genauso viele Speedbootminuten vom Flughafen entfernt, geschrieben worden sein könnte. Dabei handelt es sich um kein Märchen, sondern um eine wahre Geschichte. Nic Klemm hieß der Fotograf, der sich hier seinen

mehr Menschen genießen dürfen. Und so bauten sie eine ganze Reihe weiterer Unterkünfte dazu. Schade.

■ ÜBERNACHTEN ■

COCOA ISLAND

Neben den sieben Bungalows an Land gibt es 30 Unterkünfte, die in

Die Kokospalme ist noch immer ein wichtiger Wirtschaftsfaktor

Traum von Abgeschiedenheit und Entspannung verwirklichte. Und diese Erfahrung wollte er teilen, mit nicht mehr als 16 anderen Menschen. So baute er ein kleines, feines Resort mit nur acht Bungalows und legte Wert darauf, fortan hier im Einklang mit der Natur zu leben. Das ist lange her, mittlerweile hat die Realität auch Cocoa Island eingeholt. Denn das nur 400 x 60 m große Inselchen, befanden neue Eigentümer, sollten viel

Form von Fischerdhonis gebaut wurden. Natürlich fehlt in keinem von ihnen der Komfort; so besitzt jedes Dhoni z. B. seinen eigenen Whirlpool. Was sich allerdings im Preis von über 500 Euro pro Nacht auch niederschlägt. Was der derzeit australische Küchenchef auf den Tisch bringt, ist vorwiegend asiatischer Provenienz, wie z. B. die indische Tandoori-Küche. Das Spa hat sich hier der altindischen Heilkunst Ayurveda verpflichtet; ein Sportzentrum ist auch dabei. *Tel. 664 18 18 | Fax 664 19 19 | www.cocoamaldives. com.mv | €€€*

■ FREIZEIT & SPORT ■

Die Strände um die Insel und die große Lagune zählen zu den schönsten der Malediven. Die inseleigene Tauchbasis bildet aus und unternimmt Ausfahrten zu interessanten Tauchgebieten. Außerdem: Windsurfen, Katamaran und Kanufahren.

■ ZIELE IN DER UMGEBUNG ■

Unweit von Cocoa liegt die Hotelinsel *Kandoomaafushi*, ein mögliches Ausflugsziel mit dem Dhoni. Und ein Besuch von Male' ist natürlich ebenfalls leicht möglich.

DHIGUFINOLHU

[114 C4] ★ Die 400 m lange, aber nur 60 m breite Insel Dhigufinolhu zählt zu den Klassikern des Malediven-Tourismus. Nachdem der Tsunami 2004 erhebliche Schäden anrichtete, wurde die Insel neu bebaut und bietet seither den Luxus eines

5-Sterne-Resorts. Die Besonderheit sind die beiden langen Stege, mit denen Dhigufinolhu mit den beiden Nachbarinseln Palm Tree Island und Bodu Huraa verbunden ist. Dhigufinolhu selbst besitzt herrliche Sandstrände, die nahezu die ganze Insel umgeben und eine große Lagune. Deshalb ist die Insel für einen Familienurlaub bestens geeignet.

Insider Tipp

■ ÜBERNACHTEN ■
ANANATARA MALDIVES RESORT & SPA

60 hübsch eingerichtete Zimmer und 37 Bungalows, allesamt klimatisiert und sehr ansprechend ausgestattet, erwarten ihre Gäste. Da die Nachbarresorts *Palm Tree* und *Boduhuraa* zu Fuß erreichbar sind, stehen mehrere Restaurants zur Verfügung. Frühstück und Mittagessen werden im Hauptrestaurant als Büfett angeboten, abends gibt es in aller Regel ein Set-Menü, das am Tisch serviert wird. Auf Palm Tree Island gibt es ein chinesisches und ein indisches Restaurant. *Tel. 6644100 | Fax 6644101 | www.maldives.ananatara.com | €€–€€€*

MARCO POLO HIGHLIGHTS

★ **Cocoa Island**
Robinson-Idylle – auch nach der Umgestaltung (Seite 55)

★ **Embudhu**
Für wahre Könner auf dem Surfboard (Seite 58)

★ **Embudhu Finolhu**
Während der schönsten Wochen des Jahres wohnen wie ein Maharadscha (Seite 59)

★ **Mahaana Elhi Huraa**
Sport, Spiel und Spaß stehen hier hoch im Kurs (Seite 61)

★ **Vaadhoo**
Trägt den Beinamen Diving Paradise völlig zu Recht (Seite 63)

★ **Dhigufinolhu**
Besonders romantisch: bei Mondschein über die Stege spazieren (Seite 57)

EMBUDHU

◼ FREIZEIT & SPORT ◼

Neben den auf allen Malediveninseln angebotenen Freizeitaktivitäten wie Windsurfen, Wasserski, Fallschirmsegeln, Katamaransegeln, Kanufahren usw. gibt es eine PADI-Tauchbasis unter deutscher Leitung. Sie bieten Anfängerausbildung ebenso wie tägliche Ausfahrten zu einigen tollen Tauchspots. Das Hausriff ist allerdings etwa 400 m von der Insel entfernt. Abends trifft man sich in einer der Bars der drei Inseln – wobei man den jeweiligen Rückweg zu „seiner" Insel bedenken sollte …

entfernt. Der schöne Strand liegt vor einer großflächigen Lagune, die sich sehr gut zum Baden und Schwimmen, aber weniger zum Schnorcheln eignet. Die Anfahrt dauert mit dem Schnellboot etwa 20 Min.

◼ ÜBERNACHTEN ◼

EMBUDHU VILLAGE

Die 124 Unterkünfte wurden geschickt in die üppige tropische Flora eingefügt; die älteren verfügen über einen bescheidenen, aber zweckmäßigen Komfort (teilweise Klimaanlage, Dusche). Besseren Komfort

Weißer Sand, glasklares Wasser und Palmen: Embudhu

EMBUDHU

[114 C3] ⭐ **Die herrlich mit tropischen Pflanzen bewachsene, 350 x 150 m große Insel Embudhu ist nur ca. 8 km von Male'**

bieten die renovierten Superior-Bungalows und die neuen Wasserbungalows. Das Restaurant befindet sich etwas entfernt vom Ufer und bietet jeden Abend ein Büfett (u. a. italienisch und asiatisch). „All inclusive" wird angeboten und ist auch empfehlenswert. *Tel. 664 47 76 | Fax 664 26 73 | embvil@dhivehinet.net.mv | www.embudu.com | €*

FREIZEIT & SPORT

Die zentrale Lage der Insel gestattet Ausfahrten zu außergewöhnlichen Tauchrevieren in der Umgebung. Eigene *Diverland*-Tauchbasis (PADI-Prinzip, *www.diverland.de*). Zum Schnorcheln lädt das nahegelegene, weitgehend intakte Hausriff ein. Zum Surfen eignet sich das Gebiet außerhalb des Hausriffs, allerdings sollten Sie über die nötige Sicherheit auf dem Brett verfügen (starke Strömung!). Außerdem: Angeln, Volleyball, Badminton, Wasserski.

EMBUDHU FINOLHU

[114 C3] ⭐ **Nur etwa 10 km von Male' entfernt liegt am östlichen Außenriff des Süd-Male'-Atolls die 700 m lange und maximal 50 m breite Insel Embudhu Finolhu.** Ihre größten Trümpfe sind die größte Lagune der Malediven und der die Insel umgebende schöne Sandstrand. Anfahrt 20 Min. mit dem Schnellboot.

ÜBERNACHTEN

TAJ EXOTICA RESORT & SPA
Die Insel ist so schmal, dass den Architekten nichts anderes übrig blieb, als einen Teil der Bungalows auf Pfählen ins Meer zu bauen. Leitern führen von den Terrassen ins Wasser. Mit dem Taj Exotica Resort & Spa fügte die exklusive Taj-Hotelkette

den Malediven ein weiteres Fünf-Sterne-Haus hinzu. Nach glücklicherweise nur relativ geringen Tsunamischäden wurde die Insel im Dezember 2005 wieder eröffnet.

Prächtige Farbtupfer: Bougainvillea

Bemerkenswert ist der aufmerksame Service. Die Mahlzeiten (auch das Frühstück) werden im à-la-carte-Restaurant eingenommen, außerdem gibt's ein Spezialitätenrestaurant. Das *Mandara-Spa* an der südlichen Inselspitze bietet alle Arten von Schönheitsbehandlungen (auch Aromatherapie). *Tel. 664 22 00 | Fax 664 22 11 | www.tajhotels.com | €€€*

FREIZEIT & SPORT

Die weitläufige Lagune ist ein Paradies für Wasserratten; Schwimmen und Baden ist überall möglich. Zum

Schnorcheln fährt man mit einem Boot hinaus zum Hausriff, die Tauchbasis bietet neben der obligatorischen Ausbildung auch tägliche Ausfahrten zu den spektakulären Tauchgebieten des südlichen Süd-Male'-Atolls. Weitere Sportarten: Windsurfen, Katamaransegeln, Paddeln und Beachvolleyball u. a.

FIHAALHOHI

[114 B5] Eine dichte tropische Vegetation in der Inselmitte und hohe schlanke Kokospalmen auf der ganzen Fläche bestimmen das Bild der 450 x 270 m großen Insel Fihaalhohi. Im Norden der Insel liegt ein guter Badestrand, ebenfalls zum Baden eignet sich die kleine, flache Lagune im Südwesten. Von Male' liegt die Insel 28 km entfernt und ist mit dem Schnellboot in gut einer Stunde erreichbar.

■ ÜBERNACHTEN

FIHAALHOHI TOURIST RESORT
150 Apartments in drei verschiedenen Kategorien sind in den in landesüblicher Bauweise erstellten Doppelhäuschen enthalten und geschickt in die Landschaft eingefügt. Sehr komfortabel sind die zwölf neuen Wasserbungalows. In runder Form wurde das Restaurant erbaut, in dem exzellente Fischgerichte nach einheimischen Rezepten serviert werden. *Tel. 6642903 | Fax 6643803 | fiha@ dhivehinet.net.mv | €–€€*

■ FREIZEIT & SPORT

Nur 15 m von Fihaalhohi entfernt liegt das sehr steil abfallende Hausriff – doch ist Vorsicht geboten: Stellenweise herrscht hier eine starke Strömung! Rund 15 Min. Fahrt mit dem Boot sind es zum Außenriff mit einem sehr schönen Tauchrevier (es gibt eine eigene Tauchbasis). Außerdem im Angebot: Windsurfen, Wasserskifahren, Katamaransegeln, Angeln, Tischtennis und Volleyball.

KANDOOMAA-FUSHI

[114 C5] Am südöstlichen Außenriff des Süd-Male'-Atolls, nahe der von Einheimischen bewohnten und vom Tsunami schwer getroffenen Insel Guraidhoo liegt die 500 x 400 m große Hotelinsel Kandoomaafushi. Die Distanz vom Flughafen beträgt 35 km (mit dem Speedboat 45 Min.). Auch das *Kandooma Tourist Resort*, seit Jahren beliebt wegen seiner faszinierenden Tauchreviere, wurde durch den Tsunami schwer beschädigt. Eigentlich sollte Kandoomaa nach einem Besitzerwechsel zum Luxusresort umgebaut werden, doch wurde dieser Plan teilweise aufgeschoben. Deshalb gilt die Insel noch immer als preiswertes Ziel auf den Malediven. Neu sind allerdings einige Wasserbungalows, die im Juni 2008 erstmals bezogen wurden. Kandomaa gilt als Taucherinsel und zählt deshalb viele Stammgäste.

■ ÜBERNACHTEN

KANDOOMA TOURIST RESORT
Die 102 Zimmer sind in Einzel- oder Doppelgebäuden untergebracht, sie verfügen über einen ordentlichen und ausreichenden Komfort. Einige Zimmer haben Aircondition, die meisten jedoch nur einen Deckenventilator. Empfehlenswert sind die größeren

Zimmer der Superior-Kategorie, noch schöner, aber auch am teuersten sind die Wasserbungalows. Die Mahlzeiten werden im Hauptrestaurant serviert, außerdem gibt es einen Coffeeshop. Snacks und kleine Gerichte werden auch am Pool serviert. All-inclusive ist möglich und empfehlenswert. *Tel. 66 40 511 | Fax 66 40 515 | www.kandooma.com | €–€€*

■ FREIZEIT & SPORT ■

Taucher zieht es mit den Booten der Tauchschule vor allem zu den zahlreichen Kanälen und Thilas, an denen oft auch Großfische gesehen werden. Zum Schnorcheln eignet sich das Hausriff, mit dem Boot sind aber auch weitere Schnorchelreviere leicht zu erreichen. Das sportliche Angebot ist umfassend, es reicht von Angeln bis Windsurfen. Für die abendliche Unterhaltung (mit gelegentlicher Livemusik) steht eine gemütliche Bar zur Verfügung.

MAHAANA ELHI HURAA

[114 B6] ⭐ **Am südlichen Ausläufer des Süd-Male'-Atolls liegt diese interessante, 300 x 180 m große Insel. Die schönen Strände bzw. die riesige Lagune sind die eigentliche Attraktion.** Die Lagune misst zwischen Innen- und Außenriff gut 700 m, an einer Stelle ist sie mit etwa 5 m so tief, dass man darin einen natürlich entstandenen Swimmingpool erkennen könnte. Die Entfernung vom Flughafen beträgt 40 km (75 Min. mit dem Schnellboot). Wegen der vielen Möglichkeiten, die

Schnorcheln in der Lagune von Fihaalhohi

diese Insel bietet, ist sie bei Tauchern, Schnorchlern und Badetouristen – besonders bei Familien – sehr beliebt.

■ ÜBERNACHTEN

RIHIVELI BEACH RESORT

Die 1979 erbaute, 2006 renovierte und sehr gepflegte Anlage besteht aus 48 einzelnen Bungalows, die allerdings nur über einen recht bescheidenen Komfort (TV, Ventilator, Dusche) verfügen. Außer einem viel Atmosphäre ausstrahlenden Restaurant gibt es einen Coffeeshop für den kleinen Hunger. Ideal für einen ruhigen Malediven-Urlaub! *Tel. 664 19 94 | Fax 664 00 52 | www.rihiveli-mal dives.com | €€–€€€*

■ FREIZEIT & SPORT

Zum Tauchen geht man über einen langen Steg direkt bis zum Außenriff, das sich auch zum Schnorcheln anbietet. Die Tauchbasis *(www.euro divers.com)* veranstaltet Ausfahrten zu weiteren reizvollen Revieren. Au-

ßerdem: Windsurfen, Wasserski, Katamaransegeln, Angeln, Volleyball, Tennis, Tischtennis, Aerobic. Mit inseleigenen Dhonis werden Ausflüge unternommen.

OLHUVELI

[114 C6] **Knapp 700 m lang, jedoch nur maximal 90 m breit ist die Insel Olhuveli am südöstlichen Ende des Süd-Male'-Atolls.** An der Westseite liegt vor einem schmalen Sandstrand eine große Lagune, die sich bis zum Außenriff erstreckt. Der Transfer vom Flughafen dauert mit dem Schnellboot eine Stunde.

■ ÜBERNACHTEN

OLHUVELI BEACH & SPA RESORT

Nachdem die Insel zu einem großen Teil vom Tsunami überschwemmt wurde, entschlossen sich die Pächter zu einer umfangreichen Umgestaltung der Hotelanlage. Das Anfang 2006 beendete Vorhaben hat sich gelohnt, denn nun präsentiert sich das

Zum Festmachen vor dem Rihiveli Beach Resort wird der Anker ausgeworfen

Olhuveli Beach Resort & Spa im geschmackvollen neuen Kleid. Besonders repräsentativ sind die Wasserbungalows, aber auch sonst fehlt es nicht an Komfort. In der Inselmitte liegt das große Restaurant mit internationaler Speisekarte; außerdem gibt es ein à-la-carte-Restaurant. *Tel. 664 27 88 | Fax 664 59 42 | www. olhuveli.com | € – €€*

■ FREIZEIT & SPORT

Auf beiden Seiten der Insel kann man tauchen und schnorcheln; Taucher werden jedoch wegen seiner farbenprächtigen Vielfalt der maritimen Flora und Fauna eher das Außenriff bevorzugen. Außerdem: Windsurfen, Wasserski, Katamaransegeln, Angeln, Volleyball, Tennis und Badminton.

■ ZIELE IN DER UMGEBUNG

In der Nachbarschaft bieten sich weitere Touristeninseln als Ausflugsziele an, vor allem *Rihiveli* und *Bodufinolhu*.

RANNALHI

[114 A–B5] Nur eine Viertelstunde benötigt man, um die 320 m lange und 90 m breite Insel Rannalhi am westlichen Rand des Süd-Male'-Atolls zu Fuß zu umrunden; die Entfernung nach Male' beträgt rund 40 km. Den schönsten Strand finden Sie an der südlichen Inselseite, wo eine flache Lagune bis zum Hausriff reicht. Allerdings sind stellenweise scharfkantige Korallenstöcke beim Schwimmen etwas hinderlich. Um auf die Insel zu kommen, benötigt man eine gute halbe Stunde mit dem Schnellboot.

■ ÜBERNACHTEN

CLUB RANNALHI

Die 1978 errichtete Anlage wurde 1996 komplett renoviert und bietet seither sehr komfortable Unterkünfte. Das Resort besteht aus 100 Zimmern in doppelstöckigen Häusern sowie aus 16 Wasserbungalows (Klimaanlage, Bad/Dusche, Balkon oder Terrasse). Die Mahlzeiten werden im großen, zum Meer hin offenen Restaurant serviert (manchmal Büfett). Außerdem gibt es einen Coffeeshop und zwei Bars. *Tel. 664 26 88 | Fax 664 20 35 | www.clubrannalhi. com | € – €€*

■ FREIZEIT & SPORT

Getaucht wird am Hausriff, das den größten Teil der Insel umgibt; an der westlichen Seite gibt es mehrere Öffnungen zum Außenriff hin. Tägliche Exkursionen zu weiteren interessanten Tauchgebieten veranstaltet die ansässige Tauchbasis. Außerdem: Windsurfen, Wasserskifahren, Angeln, Volleyball und Parasailing.

VAADHOO

[114 C2–3] ⭐ ▶▶ Wie der Hotelname *Diving Paradise* schon vermuten lässt, handelt es sich bei der kleinen Insel Vaadhoo (250 x 100 m) um ein besonders für ambitionierte Taucher geeignetes Resort. Um einen Teil der Insel herum zieht sich ein weißer Sandstrand. Zum Schwimmen empfiehlt sich die Lagune mit ihrem kristallklaren Wasser. Die Entfernung vom Flughafen beträgt 8 km (mit dem Motordhoni benötigt man dafür weniger als eine Stunde). Vaadhoo wird gerne von Japanern besucht.

■ ÜBERNACHTEN ■

VAADHOO DIVING PARADISE

31 zum Teil in doppelstöckigen Häuschen untergebrachte Zimmer verfügen über einen sehr guten Komfort (u.a. Badewanne). Außerdem gibt es acht sehr komfortable Bungalows auf Stelzen überm Wasser (teuer). Die Mahlzeiten werden im landestypisch erbauten Restaurant eingenommen. *Tel. 664 39 76 | Fax 664 33 97 | rsun@vadoo.com.mv | €–€€*

■ FREIZEIT & SPORT ■

Die Nähe zum Vaadhoo-Kanal garantiert faszinierende Taucherlebnisse (viele Großfische wie Mantas, Haie u.a.). Das Hausriff, das an einigen Stellen schon das Außenriff darstellt, ist ein lohnenswertes Ziel für Schnorchler. Weitere Sportarten: Windsurfen, Wasserski, Katamaransegeln, Angeln.

VELASSARU

[114 B3] **Von außergewöhnlich großen Lagunen umgeben ist die 400 x 150 m große Insel Velassaru, schräg gegenüber der Hauptstadt Male' gelegen.** Die ganze Insel wird von breiten Sandstränden und einer bis zu 16 m tiefen Lagune umgeben, die flacheren Stellen liegen an der nordöstlichen Seite beim Bootsanleger. Vom Flughafen dauert die Fahrt mit dem Schnellboot nach Velassaru weniger als 30 Min.

■ ÜBERNACHTEN ■

LAGUNA BEACH RESORT

Zu jedem der 132 Bungalows gehört eine eigene kleine, zum Meer hin ausgerichtete Terrasse. Da die Anlage 1997 renoviert wurde, verfügt sie über jeglichen Komfort, gehört aber dennoch zu den eher günstigen Unterkünften. Am teuersten sind die 17 Wasserbungalows. Im traditionellen Stil neu gebaut wurde das offene Hauptrestaurant (internationale Küche); außerdem ein chinesisches und ein italienisches Restaurant und eine Snackbar. *Tel. 664 30 42 | Fax 664 30 41 | sales@uniet.com.mv | www. unisurf.com | €–€€€*

■ FREIZEIT & SPORT ■

Für den, der nur schwimmen will, bietet sich die riesige, bis zu 18 m tiefe Lagune an, die der Insel ihren Namen gab. Sie streckt sich nach Süden auf über 700 m aus. Die unmittelbare Lage am Vaadhoo-Kanal (strömungsreich und deshalb voller Großfische) macht Velassaru zu einer interessanten Basis für Tauchgänge. Das zwischen der Insel und dem Kanal liegende Riff eignet sich außerdem gut zum Schnorcheln. Weitere Sportarten: Windsurfen, Angeln. Zudem gibt es ein Glasbodenboot für Beobachtungsfahrten.

VILIGILIVARU

[114 B–C5] **In unmittelbarer Nähe zum Resort Biyaadhoo liegt im Innern des Süd-Male'-Atolls die 1981 zur Hotelinsel ausgebaute Insel Viligilivaru (oder auch Villivaru).** Die Entfernung vom Flughafen beträgt 29 km, die Transferzeit etwa 45 Min. mit dem Speedboat. Rund um die 300 x 150 m große Insel erstreckt sich ein herrlicher Sandstrand, zum Baden und Schwimmen lockt die großflächige Lagune im Nordwesten.

SÜD-MALE'-ATOLL

■ ÜBERNACHTEN

VILLIVARU ISLAND RESORT

Inmitten einer blühenden, tropischen Landschaft wurden 60 hübsche Apartments gebaut, die zu je sechs in Reihenhäuschen zusammengefasst sind. Sie sind komfortabel, teilweise klimatisiert, und verfügen über eigene Terrassen sowie über Duschen

■ FREIZEIT & SPORT

Für Taucher stehen außer dem attraktiven Hausriff in nur 30 m Entfernung – die Chance ist groß, Riffhaie und Rochen zu sehen – weitere Reviere in der Nähe, z.B. am *Guraidhoo-Kanal,* zur Verfügung *(www. mariana-net.com).* Schnorchler bevorzugen das steil abfallende Haus-

Mächtig, aber harmlos: Stachelrochen (Manta) im Vaadhoo-Kanal

und Direktwahltelefone. Internationale Gerichte stehen auf der Speisekarte des rustikalen, klimatisierten Restaurants. Morgens und mittags gibt es ein Büfett; den kleinen Hunger zwischendurch können Sie im Coffeeshop stillen. Außerdem gibt's eine Disko und einen Massagesalon. *Tel. 664 70 70 | Fax 664 72 72 | www. biyadoo.com.mv | €*

riff. Außerdem: Windsurfen, Wasserski, Katamaransegeln, Angeln, Volleyball, Badminton.

■ ZIEL IN DER UMGEBUNG

Die ebenfalls touristisch erschlossene Nachbarinsel *Biyaadhoo* ist nur 300 m entfernt und wird täglich mit dem Dhoni angefahren (Transfer kostenlos).

> EIN AQUARIUM OHNE GLASSCHEIBEN

Schildkröten, Schmetterlingsfische, Seeanemonen:
Hier macht das Tauchen besonderen Spaß

> **Das lang gestreckte Ari-Atoll (auch Alifu-Atoll) liegt fast parallel westlich zum Male'-Atoll und hat eine Größe von ca. 89 x 30 km. Von den 105 Inseln sind 15 von Einheimischen bewohnt (insgesamt ca. 8500 Ew.), außerdem gibt es 27 Inseln für Touristen.**
Die Hotelresorts sind kaum älter als 10–20 Jahre, weshalb sie zu den komfortabelsten auf den Malediven zählen. Kleiner Wermutstropfen: Einige Inseln wirken wie das Ergebnis einer Sandkastenplanung: Die Architekten ließen die Inseln völlig einebnen und bebauten und bepflanzten sie dann neu. Weil das jedoch recht geschickt gemacht wurde, heilt die Zeit so manche Wunde. Im Ari-Atoll gibt es viele reizvolle Tauchreviere, wo man sehr gute Chancen hat, Großfischen wie Walhaien, Mantas und Rochen zu begegnen. Am nördlichen Rand des Ari-Atolls liegt in unmittelbarer Nähe das Rasdhoo-Atoll.

Bild: Conrad Maldives Rangali Island auf Rangali Finolhu, Ari-Atoll

ARI- UND RASDHOO-ATOLL

Dazu gehören die beiden Touristeninseln *Veligandu* und *Kuramathi,* Letztere ist eine der größten Hotelinseln der Malediven.

ANGAGA

[118 C4] Angaga (oder Angaagau), 1989 eingerichtet (2000 renoviert) und damit eine der jüngeren Touristeninseln auf den Malediven, liegt im südlichen Ari-Atoll und besitzt eine üppige tropische Vegeta-

tion. Vor der nur 350 x 150 m großen Insel mit der Form eines Spiegeleis liegen außergewöhnlich schöne Sandstrände. Die Transferzeit für die 96 km von Male' beträgt mit dem Schnellboot ca. 2 Stunden, mit dem Wasserflugzeug 30 Min.

■ ÜBERNACHTEN ■

ANGAGA ISLAND RESORT & SPA

Trotz der Inselgröße von nur 350 x 150 m fand man Platz für 50

komfortable, klimatisierte Bungalows in Strandnähe mit eigenen Terrassen; Ende 2003 sind einige Wasserbungalows dazugekommen. Es
gibt ein Restaurant mit internationaler Küche und einen Coffeeshop.

ATHURUGAU

[118 B2] Auf der Suche nach weiteren
Standorten für neue Resorts stieß man
Ende der 1980er-Jahre auf das kleine, mit
hohen Palmen und Mangroven bewach-

Üppige Vegetation bis dicht ans Wasser: Athurugau

„All inclusive" ist möglich. *Tel.
6680510 | Fax 6680520 | www.an
gaga.com.mv* | €–€€

◼ FREIZEIT & SPORT

Selbst erfahrene Taucher entdecken
in den weitgehend unberührten Un-
terwasserrevieren um Angaga noch
Neues. Die Tauchbasis bildet nach
dem PADI-Prinzip aus und bietet
Ausfahrten zu weiteren Revieren an.
Geschnorchelt wird in der Lagune
oder am Hausriff. Außerdem: Tischtennis, Windsurfen, Wasserski, Katamaransegeln, Volleyball, Badminton.

sene Eiland Athurugau, etwa in der Mitte
des Ari-Atolls gelegen. Ein **feiner, weißer Sandstrand** umgibt den Großteil
der 280 x 100 m kleinen, halbmond-
förmigen Insel. 90 km bis zum Flughafen (mit dem Wasserflugzeug ca.
30 Min.).

◼ ÜBERNACHTEN

ATHURUGAU ISLAND RESORT
49 Apartments in Bungalowform bilden die Anlage mit viel Atmosphäre
und Komfort. Alle Zimmer sind klimatisiert, verfügen über Duschen,
Minibars, Direktwahltelefone und

kleine Terrassen. Die Mahlzeiten werden in einem rustikalen Restaurant serviert, sie sind ebenso im Preis enthalten wie alle Getränke. *Tel. 668 05 08 | Fax 668 05 74 | www.plan hotel.com | €€ – €€€*

■ FREIZEIT & SPORT

Einige der besonders schönen Tauchreviere liegen in unmittelbarer Nähe. Interessant ist es aber auch, am Außenriff zu tauchen. Die Tauchbasis steht unter deutscher Leitung (PADI-Prinzip). Schnorchler erleben schon am Hausriff die bunte Vielfalt der Unterwasserwelt. Alle Sportarten (u. a. Windsurfen, Katamaransegeln, Tischtennis) bzw. die Geräteausleihe sind im Preis enthalten.

BATHALA

[117 E5] ★ **Gut zwei Schnellbootstunden oder 20 Min. mit dem Wasserflugzeug von der Flughafeninsel Hulule entfernt liegt am nordöstlichen Rand des Ari-Atolls die 350 x 100 m große, ovale Insel Bathala.** Sie ist wegen ihrer attraktiven Unterwasserwelt vor allem bei ambitionierten Tauchern beliebt. Rund um die Insel ziehen sich feine, weiße Sandstände, davor liegt eine z. T. allerdings nur schmale Lagune, die die ganze Insel umgibt.

■ ÜBERNACHTEN

BATHALA ISLAND RESORT

Die 45 Unterkünfte (zuletzt 1998 renoviert) sind in Bungalowform erbaut und liegen zur Meerseite hin (Klimaanlagen bzw. Deckenventilatoren). Im landesüblichen Stil ist das an den Seiten offene, mit Palmblättern gedeckte Restaurant erbaut (einheimische und internationale Küche). *Tel. 666 26 88 | Fax 666 20 35 | www.bathala.com | €*

■ FREIZEIT & SPORT

Zum Schnorcheln lädt nicht nur die Lagune, sondern auch das strömungs- und fischreiche Hausriff ein, das nur wenige Meter von der Insel entfernt ist und bis auf 40 m steil abbricht. Die Lage der Insel am Rand des Atolls bringt es mit sich, dass das Hausriff zugleich Außenriff ist und deshalb ein ideales Tauchrevier darstellt. Weitere Sportarten: Angeln, Volleyball, Tischtennis.

MARCO POLO HIGHLIGHTS

★ **Bathala**
Ob Schnorchler oder Taucher – man begegnet sich am Hausriff (Seite 69)

★ **Dhidhoofinolhu (Ari Beach)**
Nicht weniger als fünfzehn Tauchreviere liegen ganz in der Nähe (Seite 70)

★ **Ellaidhoo**
Ein Wrack bietet spektakuläre Taucherlebnisse (Seite 70)

★ **Mishimas Mighili**
Villa oder Dhoni? Hier haben Sie die Qual der Wahl bei der Übernachtungsfrage (Seite 75)

★ **Maayaafushi**
Hier ist Tauchen pur angesagt (Seite 72)

★ **Kuramathi**
Außergewöhnliche Ausmaße und eine große Auswahl an Restaurants (Seite 78)

AM ABEND

In der Bar werden im Wechsel Live-musik, Firedance und Magic Shows geboten.

ZIELE IN DER UMGEBUNG

Unweit von Bathala liegen die Hotel-inseln *Maayaafushi* und *Halaveli* (Bootstransfer möglich).

DHIDHOO-FINOLHU

[119 D6] ⭐ Die Insel wurde erst 1989 für den Tourismus geöffnet und mit einer hübschen Hotelanlage bebaut. Besser be-kannt war sie unter ihrem alten Namen *Ari Beach*. Große Teile der Insel sind von einem herrlichen weißen Sandstrand umgeben. Davor liegt eine z. T. sehr flache Lagune mit Sandbänken. Die 1,4 km lange, aber nur 35 m breite Insel liegt am südöstlichen Rand des Ari-Atolls, die Entfernung von Male' beträgt ca. 100 km (mit dem Wasser-flugzeug ca. 40 Min.).

ÜBERNACHTEN

DIVA MALDIVES RESORT & SPA

Nach einer kompletten Umgestaltung des früher als *White Sands* bekannten Resorts wurde diese Hotelinsel 2008 neu eröffnet. Nicht zuletzt deshalb verfügen die 196 Unterkünfte in mehreren Kategorien über höchsten Komfort. Am schönsten sind die 88 m² großen Wasservillen, dazu gibt es drei 142 m² große Wasservillen, die besonders für Familien geeignet sind. Kinder (3–12 Jahre) werden tagsüber im *Kid's Club* betreut. Sechs Restaurants bieten verschiedene Spe-zialitäten, dazu gibt es drei Bars. *Tel.*

6680513 | Fax 668 0512 | www.naiade.com | €€ – €€€

FREIZEIT & SPORT

Reizvoll für ambitionierte Taucher sind das nahe Außenriff sowie wei-tere 15 interessante Tauchreviere, die mit dem Boot der Tauchbasis (PADI-Prinzip, *www.eurodivers.com*) ange-fahren werden. Außerdem: Windsur-fen, Wasserski, Katamaransegeln, Kanufahren, Angeln, Volleyball, Fußball, Badminton, Tischtennis.

ZIEL IN DER UMGEBUNG

Bootsausflüge führen zu der von Ein-heimischen bewohnten Insel *Dhigu-rah* (Einkaufsmöglichkeit).

ELLAIDHOO

[117 E5] ⭐ Mitte der 1980er-Jahre er-öffnete dieses außerordentlich schöne Touristenresort, das sich besonders bei Tauchern großer Beliebtheit erfreut. El-laidhoo ist keine ausgesprochene Bade-insel. Es gibt zwar einen schönen Strand, die Lagune ist jedoch relativ klein und endet in einem jäh abfal-lenden Hausriff. Ellaidhoo hat einen Durchmesser von ca. 400 m und liegt 36 km vom Flughafen entfernt (mit dem Wasserflugzeug 20 Min.).

ÜBERNACHTEN

ELLAIDHOO TOURIST RESORT

50 Zimmer in Einzelbungalows und 28 Zimmer in doppelstöckigen Ge-bäuden. *Tel. 6660586 | Fax 6660514 | www.johnkeellshotels.com | €*

FREIZEIT & SPORT

Ideal sind die Schnorchel- und Tauchreviere. Das steil abfallende

Hausriff ist strömungs- und deshalb fischreich; weitere schöne Unterwasserreviere sind mit dem Boot schnell erreichbar. Nicht weit entfernt liegt in 20 m Tiefe das Wrack eines gesunkenen Küstenschoners. In 40 Minuten erreicht man das berühmte ▶▶ *Hai-Riff,* wo es viele Begegnungen der besonderen Art mit Haien geben kann. Weitere Sportarten: Windsurfen, Katamaransegeln, Volleyball, Badminton, Tischtennis und ein Sportzentrum.

FESDHOO

[116 C5] Viele Jahre lang war die fast runde Insel Fesdhoo (oder Fesdu) im Inneren des nördlichen Ari-Atolls vor allem in Taucherkreisen in aller Welt bekannt – ein Paradies für Unterwassersportler ist sie auch heute noch. Anstelle einfacher Unterkünfte steht aber heute nach dem Tsunami-bedingten Wiederaufbau ein Resort auf der Insel, das selbst unter den vielen luxuriösen Eilanden seinesgleichen sucht. Fesdu ist schön bewachsen und zählt mit einer Größe von nur 200 x 250 m zu den kleinen Inseln. Kinder unter 12 Jahren sind hier übrigens nicht so gern gesehen.

■ ÜBERNACHTEN ■

W RETREAT AND SPA MALDIVES
78 Villen, von Designerhand gestylt, jede mit eigenem Pool, bilden das Unterkunftsangebot. Die Villen in vier Kategorien sind dazu mit edelster Technik (42-Zoll-Plasma-TV, Weinkühlschrank, HiFi-Anlage usw.) ausgestattet; die geschickte Bauweise ermöglicht ein hohes Maß an Privatsphäre. Drei Restaurants bieten inter-

Riffhaie vor Ellaidhoo

nationale und asiatische Küche, in der Küche werkelt ein Sternekoch. *Tel. 66 80 5 13 | Fax 66 80 5 12 | www. naiade.com | €€€*

■ FREIZEIT & SPORT ■

Natürlich gibt es ein Spa, dessen Dach dem Segel eines Dhonis nachempfunden ist. Die Tauchbasis bildet auch aus (PADI-Prinzip), außerdem werden so gut wie alle Wasser- und die malediventüblichen Landsportarten angeboten. Absolut angesagt ist die einzige richtige ▶▶ Diskothek auf den Malediven mit dem Namen *15 BELOW.* Ihren Namen bezieht sie aus der Tatsache, dass 15 Stufen zu ihr hinabführen. Hin und wieder werden internationale DJs verpflichtet, die dann die Plattenspieler drehen. Wer es ruhiger mag, trifft sich abends in einer der beiden Bars.

GANGEHI

[116 B3] **Die Insel Gangehi, etwa 77 km von Hulule entfernt und mit dem Wasserflugzeug in 30 Min. erreichbar, ist eine der jüngeren Hotelinseln der Malediven.** Sie wurde erst 1989 eingerichtet und 1995 bereits wieder renoviert (seither unter der Leitung des italienischen Veranstalters Club Vacanze).

■ ÜBERNACHTEN
GANGEHI ISLAND RESORT

Wohnt man in einem der Wasserbungalows, hat man die Badegelegenheit direkt vor der Tür, Treppen führen in die Lagune hinab. Für alle Gäste empfiehlt sich auch die große Lagune mit herrlichen Sandstränden. Nur 25 Bungalows, von denen acht auf Pfählen ins Meer hinausgebaut sind, zählen zur hübschen Anlage. Alle verfügen über guten Komfort (Duschen, Klimaanlagen, Direktwahltelefone). Ein Restaurant, das für seine gute Küche bekannt ist. *Tel. 668 05 50 | Fax 668 05 06 | hcmmale@clubvacanze.com.mv |* €

■ FREIZEIT & SPORT

Gute Tauch- und Schnorchelmöglichkeiten findet man schon in nächster Umgebung. Das Außenriff besitzt mehrere Öffnungen, hier ist das farbenprächtige Leben unter Wasser am interessantesten. Außerdem: Windsurfen, Angelausfahrten.

HALAVELI

[117 D5] **Halaveli ist von einem herrlichen Sandstrand umgeben, hohe Palmen geben Sonnenschutz. Etwas störend sind die dicht vor der Insel liegenden Wellenbre-** cher. Würde man zwischen den Insel Maayaafushi, Fesdhoo und der 1982 zum Touristenresort ausgebauten, 600 x 250 m großen Insel Halaveli Linien ziehen, ergäbe sich daraus ein Dreieck. Womit auch schon gesagt ist, dass der Bootstransfer (62 km) zum Flughafen etwa genau so lange (etwa 2 Std. mit dem Schnellboot) dauert wie zu den genannten Inseln (mit dem Wasserflugzeug 30 Min.).

■ ÜBERNACHTEN
HALAVELI HOLIDAY VILLAGE

Die Hotelanlage auf Halaveli ist mit nur 50 Bungalows überschaubar. Die recht komfortablen Bungalows verfügen alle über Klimaanlagen. Das Restaurant bietet köstliche Fischspezialitäten, wegen der vielen italienischen Gäste aber auch ausgezeichnete Pasta. *Tel. 666 05 59 | Fax 666 00 10 | www.halaveli.com |* €

■ FREIZEIT & SPORT

Gute Tauch- und Schnorchelreviere findet man am Hausriff, mit dem Boot erreicht man weitere interessante Reviere am Außenriff. Zudem: Windsurfen, Wasserski, Katamaransegeln, Angeln, Volleyball, Fußball.

MAAYAAFUSHI

[117 D5] ★ **Die bekannte, 400 x 150 m große Insel liegt am nördlichen Rand des Ari-Atolls. Sie wurde 1983 zum Hotelresort ausgebaut und zuletzt 1997 komplett renoviert.** Ein herrlicher Sandstrand umgibt große Teile der Insel, natürlichen Sonnenschutz bieten bis dicht ans Meer heranwachsende Palmen. Davor öffnet sich eine weite Lagune, die zum Baden ideal ist, ebenso wie eine lang gestreckte Sandzunge. Die Entfernung zum Flughafen beträgt 63 km. Zum Bootstransfer, der etwa 2½ Std. dauert, gibt es als Alternative das Wasserflugzeug (ca. 30 Min.).

■ ÜBERNACHTEN

MAAYAAFUSHI TOURIST RESORT

Auch nach der grundlegenden Renovierung hat die Insel ihren ursprüng-

■ FREIZEIT & SPORT

Taucher zieht es zu einem alten **Insider Tipp** Wrack, das bereits dicht mit Korallen bewachsen ist. Der frühere Besitzer der Tauchschule (PADI-Prinzip), der Deutsche Herwarth Voigtmann, hat in besonderer Weise auf sich aufmerksam gemacht: Ihm gelang es auf den Malediven als Erstem, Haie anzufüttern. Weil es zu viele Nachah-

Die Hotelinsel Maayaafushi aus der Vogelperspektive

lichen Charme bewahrt. Die 75 Zimmer in Reihenbungalows verfügen über Duschen, Deckenventilatoren und Terrassen. Das seit dem jüngsten Besitzerwechsel italienische Management macht sich vor allem in der Speisekarte des Restaurants bemerkbar. All-inclusive ist obligatorisch. *Tel. 666 05 88 | Fax 666 05 68 | maaya@dhivehinet.net.mv | €*

mer gab und mancher Tauchlehrer die damit verbundenen Gefahren unterschätzte, hat man davon wieder Abstand genommen. Berühmt wurde Voigtmann auch durch den Fund eines seltenen Riffhummers, der seither seinen Namen trägt: *Enotlometepus voigtmanni.* Fast schon legendär ist das Tauchrevier mit Namen **Insider Tipp** *Fishhead.* Außerdem Windsurfen,

Wasserski, Katamaransegeln, Angeln, Volleyball und Tischtennis.

MADOOGALI

[116 B4] **Als Investoren Ende der 1980er-Jahre begannen, neue Touristenresorts zu erschließen, wurden sie auf das dicht be-**

Das Klettern auf Kokospalmen erfordert eine besondere Technik

wachsene, 500 x 300 m große Eiland Madoogali aufmerksam. Man erreicht die am westlichen Außenrand des Ari-Atolls gelegene Insel mit dem Flugzeug in etwa 30 Min.

■ ÜBERNACHTEN

MADOOGALI TOURIST RESORT

Es gibt nur 56 einzeln stehende Bungalows, die sich gut in die Umgebung einfügen. Die komfortablen Zimmer sind klimatisiert und verfügen über Duschen. Einheimische wie auch internationale (italienische!) Küche bietet das Restaurant, bisweilen in Form eines Büfetts. *Tel. 6660611 | Fax 6660554 | www.skorpiontravel.com | €€*

■ FREIZEIT & SPORT

Zum Baden lädt eine kleine Lagune; um die Insel herum befinden sich schöne Strände. Taucher kommen am nahen Außenriff auf ihre Kosten, Schnorchler bevorzugen das Hausriff mit vielfältigem Unterwasserleben. Zudem: Windsurfen, Kanufahren, Angeln, Volleyball, Parasailing.

MIRIHI

[118 C4] **Nur etwa eine Viertelstunde benötigen Sie, um das kleine Inselchen im südwestlichen Teil des Ari-Atolls zu Fuß zu umrunden – es misst an der breitesten Stelle 100, an der längsten 250 m.** Am südlichen Ende der Insel liegen herrliche Sandstrände, davor lädt die weite Lagune zum Baden und Schwimmen ein. Vom Flughafen etwa 85 km entfernt (mit dem Wasserflugzeug ca. 30 Min.).

■ ÜBERNACHTEN

MIRIHI ISLAND RESORT

Alle Zimmer (2002 renoviert) sind klimatisiert, besitzen Duschen und Terrassen mit Blick aufs Meer. Neu sind die 30 Wasserbungalows, die durch die Verwendung von viel Holz Gemütlichkeit verbreiten. Es gibt ein gutes Restaurant mit viel Fisch, aber auch internationaler Küche; Coffeeshop. *Tel. 668 05 00 | Fax 6680501 | www.mirihi.com | €€€*

▪ FREIZEIT & SPORT ▪

Um an das fischreiche Außenriff zu gelangen, benötigt man etwa 30 Min. mit dem Boot der Tauchbasis. Ganz in der Nähe befindet sich ein Platz, an dem es viele Mantas zu sehen gibt. Schnorchler können schon am nur 20 m entfernten Hausriff die Schönheit der maledivischen Unterwasserwelt entdecken. Außerdem: Windsurfen, Katamaransegeln, Angeln, Volleyball, Tischtennis, Darts.

▪ ZIELE IN DER UMGEBUNG ▪

Mirihi liegt ganz in der Nähe der Resortinseln *Angaga* und *Rangali Finolhu*.

MISHIMAS MIGHILI

[117 D5] ⭐ **Was macht man mit einem Inselchen, das nur 100 m lang und 80 m breit ist? Klar, man baut ein edles Urlaubsdomizil darauf, in dem gerade einmal sechs Bungalows für je zwei (gut betuchte) Menschen Platz haben.** So geschehen auf Mishimas Mighili, die auch den Namen Dhoni Mighili trägt. Vom Flughafen sind es 80 km, die mit dem Schnellboot in 2 Std., mit dem Wasserflugzeug in 25 Min. oder aber höchst stilvoll mit dem Dhoni in 5 Std. zurückgelegt sind.

▪ ÜBERNACHTEN ▪

DHONI MIGHILI ▶▶

Das gibt es auf den Malediven bisher nur ein Mal: Zu jedem Bungalow gehört ein nach traditionellen Vorbildern gebautes eigenes Dhoni (inklusive Crew!), dessen luxuriöses Innere sich dezent verbirgt. Die Nasszelle trägt die Handschrift des Designers Philippe Starck. Egal, ob an Land oder auf dem Wasser: Ein persönlicher Butler sorgt rund um die Uhr für alles, was der Gast wünscht. Auch die sechs Villen, die sich dezent hinter Scavolae-Büschen verstecken, bieten einen Komfort, der nichts zu wünschen übrig lässt: eigener Pool, privater Garten und vieles mehr. Die Mahlzeiten werden von einem Sternekoch zubereitet. *Tel. 668 07 51 | Fax 668 07 27 | www.dhonimighili.com | €€€*

❯ AKTIVER NATURSCHUTZ
Helfen Sie mit, das Naturparadies zu erhalten

Die Malediven sind eines der sensibelsten Ökosysteme dieser Erde. Jeder kann aktiv dazu beitragen, dieses einzigartige, über Jahrmillionen gewachsene Gebilde zu schützen und zu bewahren. Hätten Sie z. B. gewusst, dass ein Zigarettenfilter über 200 Jahre benötigt, um von der Natur aufgelöst zu werden? Ganz abgesehen davon, dass Meeresbewohner wie Schildkröten jämmerlich zugrunde gehen können, wenn sie eine weggeworfene Kippe fressen. Ein Urlaub auf den Malediven verpflichtet zur Rücksichtnahme auf die Natur. Sparsamer Umgang mit aufwendig hergestelltem Trinkwasser gehört ebenso dazu wie der bewusste Verbrauch von Energie. Möchten Sie mehr wissen? Im Internet gibt's eine Seite zu diesem Thema: *www.protectthemaldives.com*.

■ FREIZEIT & SPORT

Die ganze Insel ist von einem herrlichen Sandstrand umgeben, zum Schnorcheln lockt schon das nur wenige Meter entfernte Hausriff. Ausfahrten der inseleigenen Tauchbasis zu beeindruckenden Tauchrevieren gehören zum täglichen Programm; auch hier ist Individualität angesagt. Das sonstige Sportangebot konzentriert sich in erster Linie auf wassergebundene Sportarten.

■ AM ABEND

Vor jeder Villa gibt es einen kleinen, zum Meer hin offenen Pavillon – die Zutaten zum Sundowner hält der Butler bereit. Und Sonnenuntergänge lassen sich hier wahrhaft herrlich beobachten, anschließend trifft man sich im naturgemäß kleinen Kreis zu einem Gute-Nacht-Plausch. Gelegentlich wird Unterhaltung durch einheimische Musiker und Tänzer geboten.

MOOFUSHI

[118 B1] **Eine der jüngsten Hotelanlagen der Malediven wurde 1990 auf der 80 km von Male' entfernten und 250 x 100 m großen Insel Moofushi nahe dem westlichen Rand des Ari-Atolls eingerichtet.** Vor dem nördlichen Inselteil gibt es schöne Sandstrände und eine weite Lagune, die sich gut zum Schwimmen und Baden eignet. Für den Transfer von Male' benötigt das Wasserflugzeug ca. 40 Min.

■ ÜBERNACHTEN

MOOFUSHI TOURIST RESORT
Teilweise klimatisiert sind die 62 komfortablen, teils auf Pfählen in der Lagune stehenden Bungalows (Duschen, Badewannen, Direktwahltelefone). Dem hohen Standard dieser Hotelinsel entspricht die reichhaltige Auswahl auf der Speisekarte des Restaurants. *Tel. 668 05 17 | Fax 668 05 09 | www.moofushi.com | €€ – €€€*

■ FREIZEIT & SPORT

Die schönsten Tauchreviere gibt es am Außenriff unweit der Insel. Nahe dem Ufer liegt das zum Schnorcheln geeignete Hausriff. Weitere Sportarten: Windsurfen, Kanufahren, Aerobic, Angeln und Volleyball.

RANGALI FINOLHU

[118 B4] **Die Inseln Rangali Finolhu und Rangali, beide durch einen 500 m langen Steg verbunden, liegen im südlichen Ari-Atoll und sind vom 100 km entfernten Flughafen Hulule in ca. 30 Min. mit dem Wasserflugzeug erreichbar.** Rangali Finolhu zählt zu den ältesten Touristenresorts der Malediven, wurde aber erst 2006 völlig umgebaut und mit tollen Villen ausgestattet.

■ ÜBERNACHTEN

CONRAD MALDIVES RANGALI ISLAND
Auf der Hauptinsel Rangali Finolhu befinden sich 50 Strandvillen sowie 50 Deluxe-Strandvillen (u.a. mit Badewanne und Dusche). 40 luxuriöse Wasservillen, acht Deluxe- und zwei so genannte Sunset-Wasservillen gibt es außerdem auf der etwas größeren, aber schmaleren Nachbarinsel Rangali. Die Mahlzeiten werden im nach den Seiten hin offenen *Atoll-Restaurant* serviert, außerdem gibt es ein

gutes Spezialitäten- und fünf weitere Restaurants. Bislang einzigartig auf den Malediven – vielleicht sogar weltweit – ist das Unterwasserrestaurant *Ithaa.* Beim Essen können Sie die maritime Welt ringsum beobachten. Im Weinkeller finden regelmäßig Weinproben unter Anleitung eines fachkundigen Sommeliers statt. *Tel. 668 06 29 | Fax 668 06 19 | www. conradhotels.com | €€€*

FREIZEIT & SPORT

Vor dem Touristenresort liegen zwei kleine unbewohnte Inseln, die Sie mit dem Boot besuchen können. Baden kann man in der großen Lagune, die beide Inseln umgibt, oder im Süßwasserpool. Das weitere sportliche Angebot könnte kaum umfassender sein. Es gibt eine eigene Tauchbasis und eine Beautyfarm.

AM ABEND

Das Unterhaltungsprogramm ist reichhaltig; es gibt sogar Zigarrenabende für Herren!

VELIDHOO

[116 C3] Am nördlichen, oberen Rand des Ari-Atolls liegt, ca. 85 km von Male' entfernt, diese 300 x 200 m große Touristeninsel. Velidhoo oder Velidhu erreicht man in ca. 30 Min. mit dem Wasserflugzeug.

ÜBERNACHTEN

VELIDHU ISLAND RESORT
Die Anlage auf der 1989 zum Touristenresort erklärten Insel (auch Avi Island genannt) wurde 1998 erweitert. 90 Zimmer in Einzel-, 10 Zimmer in Stelzenbungalows. Die Mahlzeiten

werden im nach den Seiten hin offenen Restaurant serviert. „All-inclusive" ist möglich. Kleine Boutique. *Tel. 668 05 51 | Fax 668 06 30 | www.velidhu.com.mv | €€*

Bearbeitung von Kokosfasern

FREIZEIT & SPORT

Ein schöner Strand an einer weiten Lagune eröffnet gute Badegelegenheiten. Wem das nahe Hausriff zum Tauchen und Schnorcheln nicht reicht, der fährt mit dem Boot zu weiteren attraktiven Revieren in der Umgebung. Zum Surfen empfiehlt sich die Lagune, weiter draußen ist mit

Strömungen zu rechnen. Außerdem: Wasserski, Windsurfen, Angeln, Tischtennis, Volleyball, Badminton.

RASDHOO-ATOLL/KURAMATHI

[117 E3] ⭐ **Die Insel Kuramathi liegt am südlichen Rand des Rasdhoo-Atolls und ist mit einer Länge von 2,5 km und einer maximalen Breite von knapp 500 m eine der größten Hotelinseln der Malediven.** Sie weist die Form einer Sichel auf. Die tropische Vegetation auf Kuramathi ist etwas vielfältiger als auf den meisten anderen Inseln: Teile der Insel sind mit Kokospalmen bewachsen, außerdem gibt es dicht bewaldete Inselteile. Ein **Insider Tipp Inselrundgang** dauert hier immerhin ca. 1½ Stunden; dabei gibt es Pelikane und Reiher zu beobachten. Bisweilen trifft man auch auf Schönechsen und wildlebende Kaninchen. Erfahrene Taucher schätzen die Gewässer um die Insel wegen der starken Strömungen. Manchmal sind Hammerhaie zu sehen. Die Gäste können die Einrichtungen aller drei Hotelanlagen benutzen. Die Entfernung von Male' beträgt 60 km (Schnellboottransfer 1½ Std., mit dem Wasserflugzeug ca. 20 Min.).

■ ÜBERNACHTEN

BLUE LAGOON BEACH
20 Stelzen- und 36 Reihenbungalows (Klimaanlage, Ventilator, Telefon, Minibar und Dusche). „All-inclusive" ist empfehlenswert. *Tel. 666 05 79 | Fax 666 05 31 | €€*

COTTAGE CLUB
50 Wasser- und 31 Strandbungalows mit Klimaanlage und allem Komfort. Cottages mit Klimaanlage bzw. Ventilator, Telefon, Minibar, Dusche. *Tel. 666 05 32 | Fax 666 06 42 | €€*

KURAMATHI VILLAGE
Die Anlage auf der Ostseite der Insel war das erste Resort auf Kuramathi. 151 Zimmer verteilen sich auf Einzel- und Reihenbungalows. *Tel. 666 05 40 | Fax 666 05 56 | sales@ unient.com | €*

■ ESSEN & TRINKEN

Auf Kuramathi gibt es immerhin sieben Restaurants, mehrere Bars, einen Coffee- und drei Souvenirshops (Minibus-Shuttle).

■ FREIZEIT & SPORT

Das Hausriff liegt 30–80 m vom Ufer entfernt, selbst **beim Schnorcheln kann man schon die Artenvielfalt an Fischen und Korallen erleben.** Weitere hervorragende Tauchreviere sind per Boot rasch zu erreichen. Ein besonders spektakuläres Tauchrevier ist der Madivaru-Kanal, an dem sich fast ganzjährig viele Großfische – Weiß- und Grauspitzenhaie, Rochen und Mantas – sowie Schildkröten einfinden. In der PADI-Tauchschule *(www.rasdhoodivers.com)* ist der Erwerb des Tauch-Brevets möglich. Regelmäßig Nachttauchgänge am fischreichen Hausriff. Außerdem: Windsurfen, Wasserski, Angeln, Volleyball, Fußball, Tischtennis, Tennis.

■ ZIEL IN DER UMGEBUNG

Zum Besuch durch Touristzen freigegeben ist die nahe gelegene Einheimischeninsel *Rasdhoo.* Ein Spaziergang über die Insel vermittelt einen Eindruck vom alltäglichen Leben der Malediver; außerdem gibt es günstige Einkaufsmöglichkeiten. Interessant ist eine Werft am Ortsende, in der Dhonis nach traditioneller Bauart gefertigt werden.

VELIGANDU

[117 E2] Nicht weit entfernt von Kuramathi liegt am Ostrand des Rasdhoo-Atolls die 700 x 200 m große, lang gestreckte Insel Veligandu, die ein gutes Stück von ihrer Ursprünglichkeit bewahren konnte. Die 51 km vom Flughafen Hulule sind mit dem Wasserflugzeug in 20 Min. bewältigt. Regelmäßig werden von Veligandu Ausflüge zur Einheimischeninsel *Rasdhoo* (Einkaufsmöglichkeiten) veranstaltet.

■ ÜBERNACHTEN

VELIGANDU ISLAND RESORT
Von den 73 hübschen und komfortablen Bungalows wurden etliche (wegen Platzmangels) auf Pfählen ins Meer hinaus gebaut. Alle verfügen über Klimaanlagen und Duschen bzw. Bäder. Restaurant (deutscher Koch) und Coffeeshop. „All-inclusive" ist möglich. *Tel. 666 05 19 | Fax 660648 | reservations@veli ganduisland.com | €€*

■ FREIZEIT & SPORT

Die Insel wird von einem schönen, weißen Sandstrand gesäumt, zum Baden lädt die große, flache Lagune. Vor Veligandu liegen einige faszinierende Tauchreviere, schnorcheln kann man schon am Hausriff. Außerdem: Windsurfen, Badminton, Katamaransegeln, Angeln, Volleyball.

Beim Schnorcheln im offenen Meer ist das Boot immer in der Nähe

> ABGELEGENE KLEINODE

Im Zeitalter der Wasserflugzeuge lassen sich die ursprünglichen Malediven leicht entdecken

> **Noch vor wenigen Jahren glich es einem kleinen Abenteuer, eine der Inseln außerhalb des Male'- oder des Ari-Atolls zu besuchen. Doch im Zeitalter der Wasserflugzeuge sind die Distanzen zwischen dem internationalen Flughafen auf Hulule und den abgelegenen Atollen schnell überwunden.**

Und es lohnt sich! Denn außerhalb der drei Atolle mit den meisten Touristeninseln gibt es noch ein paar fast unberührte Kleinode zu entdecken.

Tauchen Sie ein in die korallen- und fischreiche Unterwasserwelt, und entdecken Sie hier und da noch die ursprünglichen Malediven. Folgende Atolle stehen für Touristen zur Auswahl: Baa, Addu (Seenu), Lhaviyani, Felidhoo (Vaavu), Mulaku (Meemu), Süd-Nilandhe (Dhaalu) und Haa-Alifu. In den nächsten Jahren sollen in diesen Atollen weitere luxuriöse Hotelresorts entstehen, einige davon sind bereits im Bau.

Bild: Rundflug über Dhunikolhu

ANDERE ATOLLE

BAA-ATOLL DHUNIKOLHU

[122 B4] ⭐ **Im fast unberührten Baa-Atoll (auch Süd-Maalhosmadulu-Atoll), in dem nur zehn der ca. 50 Inseln bewohnt sind, liegt die Insel Dhunikolhu.** Sie gilt als eine der schönsten Inseln mit einem der exklusivsten Resorts der Region. Transfer mit dem Wasserflugzeug (124 km, ca. 30 Min.).

■ ÜBERNACHTEN ■

COCO PALM RESORT & SPA

Die exklusive, nach ökologischen Gesichtspunkten erbaute Anlage wurde 1998 eröffnet. Zu den stilvollen Bungalows gehört jeweils ein Minipool im eigenen Garten, außerdem gibt es höchst komfortable Wasserbungalows. Zwei Restaurants mit exzellenter Küche, originell angelegter Spa. *Tel. 66 00 11 | Fax 66 00 22 | www.cocopalm.com | €€€*

BAA-ATOLL/HORUBADHOO

■ FREIZEIT & SPORT

Das Hausriff ist reich an Korallen und Fischen (Tauchbasis: *www.oceanpro-diveteam.com*). Nur im Baa-Atoll findet man z.B. die seltene *pink coral*. Sportarten: Windsurfen, Katamaransegeln, Volleyball u.a. Das Resort organisiert auch Ausflugsfahrten zur Delphin-Beobach-

eingerichtet wurde. Die unweit der Einheimischeninsel *Eydhafushi* gelegene Insel misst etwa 800 x 200 m, besitzt eine fast urwüchsige Flora und ist ein familienfreundliches Resort. Bis vor ca. 300 Jahren wurde Horubadhoo von Einheimischen bewohnt; die Gründe für ihren Wegzug auf die nahegelegene Insel Dhon-

Die Einheimischeninsel Eydhafushi liegt im Baa-Atoll

tung, Sonnenuntergangsfahrten und Bootstouren zu Nachbarinseln.

BAA-ATOLL/ HORUBADHOO

[122 C4] Die Insel Horubadhoo, besser bekannt unter dem Namen Royal Island, ist ein weiteres Resort, das im Zuge des Tourismusentwicklungsplans im Baa-Atoll

faanu sind nicht bekannt. Geblieben sind einige Zeugen ihrer Religion: z.B. Grabsteine, die Reste einer Moschee sowie ein Becken, das vermutlich ritueller Reinigung diente. Royal Island ist ca. 110 km von Male' entfernt (mit dem Wasserflugzeug ca. 40 Min.). Da die Wege und Böden auf Royal Island mit Platten belegt sind, eignet sich diese Insel auch für einen Urlaub von Rollstuhlfahrern.

> *www.marcopolo.de/malediven*

■ ÜBERNACHTEN

ROYAL ISLAND

150 Unterkünfte, davon zwei Präsidentensuiten, reihen sich entlang des herrlichen Sandstrandes, der die ganze Insel umgibt. Die Ausstattung entspricht der Vier-Sterne-Kategorie; aufmerksamer Service. Die Mahlzeiten werden im Hauptrestaurant serviert, bisweilen als Büfett. In einem zweiten Restaurant kann man à la carte essen. *Auskunft in Deutschland: Villa Holidays Touristik GmbH | Kaiserstr. 8 | 60311 Frankfurt/M. | Tel. 069/91 39 65 44 | Fax 91 39 65 45; Resort: Tel. 66 00 88 | Fax 66 00 99 | www.villahotels.com | €€*

■ FREIZEIT & SPORT

Zum Baden eignet sich die kleine Lagune, zum Schnorcheln das nur wenige Meter von der Insel entfernte Hausriff mit artenreicher Fischpopulation. Außerdem gibt's einen Süßwasserpool. Einige Sportarten sind kostenlos (z.B. Volleyball), für andere (Billard, Tennis, Katamaransegeln, Windsurfen) wird eine Gebühr verlangt. Die Tauchbasis bildet auch Anfänger aus und unternimmt Ausfahrten zu 13 teils spektakulären Divesites. Dort Großfischen wie Walhaien (in der Saison) und Haien zu begegnen ist sehr wahrscheinlich.

■ AM ABEND

In der Bar führt das Personal bisweilen den Nationaltanz *Boduberu* vor; unterhaltsam ist auch eine Partie Poolbillard. Für Shopper gibt's eine richtige „Einkaufsmeile" mit immerhin vier Geschäften.

BAA-ATOLL/ SONEVAFUSHI

[122 C4] ★ ▶▶ Die Insel hieß bis 1995 auch *Kunfunadhoo*. Sie ist mit einer Ausdehnung von 1400 x 400 m eine der größten Inseln der Malediven und liegt im touristisch nahezu unberührten Baa-Atoll (auch Süd-Maalhosmadulu-Atoll). Der Kunstname Soneva entstand aus der Zusammenziehung der Vornamen des Pächterpaares: Sono und Eva (*fushi* bedeutet „Insel"). Die Insel besitzt eine einzigartige Atmosphäre, weil sie einen riesigen, fast unberührten Dschungel aufzuweisen hat.

■ ÜBERNACHTEN

SONEVAFUSHI RESORT

Dieses Resort bietet alles, was das Herz begehrt. Durch die Weitläufigkeit der Anlage hat man bisweilen den Eindruck, der einzige Gast auf der Insel zu sein. Für die (kurzen) Wege bekommt man ein Fahrrad zur

MARCO POLO HIGHLIGHTS

★ **Kuredhdhoo**
Relaxen in tropisch blühender Landschaft (Seite 87)

★ **Kanu Huraa**
Luxus mit Stil im Lhaviyani-Atoll (Seite 86)

★ **Dhunikolhu**
Coco Palm Resort: Urlaub vom Feinsten (Seite 81)

★ **Sonevafushi**
Luxus und Natur auf einer Insel (Seite 83)

Verfügung gestellt. Dieses Resort ist vor allem für Ruhe Suchende geeignet, die die Natur genießen und dabei nicht auf Komfort verzichten wollen. Wenn Sie's ausgefallen mögen, können Sie auch ein Champagnerfrühstück auf einer privaten Sandbank einnehmen. Der spanische König Juan Carlos und Paul McCartney waren hier schon zu Gast. *Tel. 6600304 | Fax 660 03 74 | reservations-fushi @sonevaresorts.com | €€€*

■ FREIZEIT & SPORT ■

Es erwarten Sie nahezu unberührte Tauchplätze. Nur 5 Min. von der Insel entfernt befindet sich *Nelivaru*, das insbesondere zur Zeit des Südwestmonsuns eine Putzerstation für Mantas (Riesenrochen) ist. Sport: Hochseeangeln, Wasserski, Katama-

ransegeln, Windsurfen. Sie können sich im Kikurani-Gesundheitszentrum mit einer Massage verwöhnen lassen oder im Weinkeller an einer Verkostung teilnehmen.

HAA-ALIFU-ATOLL/ DHONAKULHI

[120 C2] Die halbmondförmige, 1,4 km lange und 300 m breite Insel Dhonakulhi wurde erst in diesem Jahrhundert für den Tourismus erschlossen und ist bislang das einzige Resort in diesem Atoll, das auch unter dem Namen Thiladhunmathee Atoll geführt wird. Allerdings ist zu erwarten, dass in den nächsten Jahren weitere Inseln hinzukommen, denn ab-

> BÜCHER & FILME
Wissenswertes und viele bunte Bilder

> **Malediven – das Beste von Michael Friedel** – Dieser Bildband des renommierten deutschen Fotografen zeigt eine Fülle von Hochglanz-Aufnahmen der Malediven.

> **Schnorcheln – Rotes Meer, Malediven** – Auch wenn das Rote Meer hier im Titel zuerst genannt wird, enthält das Buch von Matthias Bergbauer und Manuela Kirschner eine Vielzahl von Bildern und Empfehlungen zum Thema Schnorcheln vor den Inseln der Malediven. Auch ohne Pressluftflasche gibt es nämlich viel zu sehen.

> **Meeresbewohner der Malediven** – Umfangreiches Kompendium von Neville Coleman zum Thema Unterwasserwelt, das sich in leicht verständli-

cher Sprache mit dem beschäftigt, was vor den Malediven so alles herumschwimmt.

> **Riff-Führer „Indischer Ozean"** – Vor allem für Schnorchler und Taucher ist dieser Bildband von Helmut Debelius mit herrlichen Tieraufnahmen ein absolutes Muss. Vom selben Autor gibt es auch einen Fischführer.

> **Reichlich Wasser vor der Hütte** – So heißt eine NDR-Doku (2003) der TV-Journalistinnen Vanessa Nöcker und Sandra Maischberger, die einen Blick hinter die Kulissen der Luxusinsel Banyan Tree wirft. Eine DVD zum privaten Gebrauch ist beim NDR-Mitschnittservice *(www.ndrshop.de)* erhältlich.

Für Romantiker: Hotelbett im Sonevafushi Resort

seits der bekannten Atolle locken eine fast unberührte Natur und eine intakte Unterwasserwelt. Die Anreise erfolgt von Hulule mit dem Wasserflugzeug (ca. 45 Min.) bis zur Nachbarinsel Hanimadhoo und von dort weiter mit dem Schnellboot. Wer es individueller mag, reist mit der Yacht an und macht an der bislang einzigen Marina auf den Malediven fest.

ÜBERNACHTEN

ISLAND HIDEAWAY SPA, RESORT & MARINA

2005 begrüßte das Resort seine ersten Gäste. Die 54 Villen sind mit allem Komfort ausgestattet und so geschickt auf die Insel platziert, dass sie ein Höchstmaß an Individualität und Privatsphäre ermöglichen. Das Restaurant mit Sitzplätzen teilweise unter freiem Himmel bietet internationale, indische und japanische Küche. Außerdem gibt es eine Bar mit der angeblich größten Auswahl an Malt Whisky. *Tel. 6501515 | Fax 6501616 | www.island-hideaway. com | €€€*

FREIZEIT & SPORT

Entlang der Ostseite der Insel erstreckt sich der mehr als 1 km lange Strand; von der gegenüberliegenden Westseite sind es nur etwa 10–30 m bis zum artenreichen Hausriff. Individuelles Bräunen ist auf der Sandbank am südlichen Inselende möglich. Der unweit von Dhonakulhi gelegene Gallandhoo Kandu ist ein strömungsreiches und deshalb von vielen Großfischen bevölkertes Tauchgebiet. Die PADI-Tauchbasis auf der Insel bietet Ausfahrten zu diesem und anderen Revieren. Nitrox-Tauchen ist möglich. Da diese die einzige Basis im Atoll ist, findet man immer noch unbetauchte Gebiete. Windsurfen, Katamaransegeln, Wasserski und Wakeboard. Für sportliche Betätigung an Land stehen ein Fitnesszentrum sowie Tennisplätze zur Verfügung. Zudem: Tischtennis, Badminton, Fußball und Billard. Kinder werden im *Tender Hearts Kids Club* betreut und können einen kostenlosen Schnuppertauchkurs machen. Im Spa werden u.a. Aromatherapien angeboten.

LHAVIYANI-ATOLL/KANU HURAA

[123 E2] ⭐ **Die knapp 1000 m lange und 200 m breite Insel Kanu Huraa ist eines**

KANU HURAA RESORT & SPA

Geplant wurde das bis 2008 zur One & Only-Gruppe gehörende Resort als Refugium für Gäste, die den Luxus eines Fünf-Sterne-Resorts zu schätzen wissen. Die 100 Unterkünfte unterscheiden sich nicht im

Es muss nicht immer Tauchen sein – auch mit dem Kanu kann man das Meer entdecken

der jüngsten Resorts der Malediven. Kein Wunder, denn das Lhaviyani-Atoll, das sich nördlich des Nord-Male'-Atolls erstreckt, wurde erst vor wenigen Jahren für den Tourismus erschlossen. Die Anlage zählt zu den feinsten und exklusivsten Resorts der Malediven, auch wegen der geschickten Hand, mit der die Architekten das Resort planten. Die Entfernung von Male' beträgt 130 km – das Wasserflugzeug benötigt dafür ca. 60 Min., das Speedboat ca. 4 Std.

Komfort, sondern nur durch Lage, Größe und den Preis. Direkten Strandzugang haben z.B. die Beach-Villas, stolze 130 m² besitzen die Beach-Suiten. Sehr exklusiv sind die 20 Wasservillen. Auf der Insel gibt es drei Restaurants sowie zwei Bars und einen Coffeeshop. ▶▶ Das größte Spa der Malediven mit Dampfbad, Sauna, Massagen und Fitnessstudio ist das Ziel für Wellnessfans. *Tel. 662 00 44 | Fax 662 00 33 | www.sun resortshotels.com | €– €€€*

■ FREIZEIT & SPORT

Kanu Huraa zählt zu den familienfreundlichen Resorts. Um den Nachwuchs kümmert man sich im *Kids Only Club*. Einer der größten Süßwasserpools der Malediven ist die Alternative zum Meer. Zum Schnorcheln findet man in der Lagune und am Hausriff beste Voraussetzungen; die Tauchbasis unternimmt täglich Ausfahrten zu mehr als 20 Tauchrevieren, darunter zum *Shipyard*. Hier sind zwei bewachsene Schiffswracks das Ziel. Begegnungen mit Großfischen wie Walhaien und Mantas sind an der Tagesordnung.

LHAVIYANI-ATOLL/ KUREDHDHOO

[123 E2] Wie die Insel Gan ist auch die lang gestreckte, 1500 x 350 m große Insel Kuredhdhoo (oder Kuredu) am nördlichen Rand des Faadhippolhu- (oder Lhaviyani-) Atolls noch ein Geheimtipp. Rund um die Insel gibt es einen ge-

pflegten Sandstrand von 3 km Länge. Die davor liegende Lagune ist wegen ihres geringen Korallenbewuchses ideal zum Schwimmen. Transferzeit mit dem Wasserflugzeug ca. 45 Min.

■ ÜBERNACHTEN

KUREDU ISLAND RESORT
330 z. T. klimatisierte Zimmer fügen sich schön in die tropisch-blühende Landschaft ein, außerdem gibt's Wasserbungalows. Restaurant, Teehaus, asiatisches Spezialitätenrestaurant, drei Bars. All-inclusive ist möglich. *Tel. 662 03 37 | Fax 662 03 32 | www. kuredu.com | €–€€*

■ FREIZEIT & SPORT

Die Tauchbasis unternimmt Ausfahrten zu Tauchspots. Schnorcheln kann man am Innen- und Außenriff (Strömungen!). Zum Wracktauchen werden Ausflüge zum *Shipyard* bei Komandoo veranstaltet. Zudem: Windsurfen, Angeln, Volleyball, Fußball, Tischtennis, Tennis, Aerobic. Golfer können auf dem zzt. einzigen Green der Malediven ihrem Hobby frönen; *Insider Tipp* es gibt auch eine Driving Range.

> MILLIMETERARBEIT
Korallenwachstum braucht Zeit

Die Schäden an der Unterwasserwelt wieder zu beheben, die das Naturereignis El Niño 1998 anrichtete, wird wohl Jahrhunderte dauern. Noch haben Wissenschaftler die Ursachen für jene periodisch auftretende Erwärmung des Meerwassers, die zum Korallensterben führt, nicht gefunden. Sicher ist, dass Korallenstöcke sehr lange brauchen, um sich zu regenerieren, weil sie nur ein

paar Millimeter pro Jahr dem Sonnenlicht entgegenwachsen. Meeresbiologen aus aller Welt zieht es auf die Malediven, um die Problematik zu studieren und Ideen zur Rettung der Korallen zu entwickeln. So experimentiert man auf Vabbinfaru (Banyan Tree) z. B. mit Metallgittern unter Schwachstromspannung, die das Korallenwachstum beschleunigen soll.

> FISCHE, MOSCHEEN UND THOR HEYERDAHL

Zu Fuß durch die Hauptstadt, mit dem Boot von Insel zu Insel

Die Touren sind auf dem hinteren Umschlag und im Reiseatlas grün markiert

1 EIN SPAZIERGANG DURCH MALE'

Ein Besuch Male's, der Hauptstadt der Malediven, sollte zum Pflichtprogramm eines jeden Malediven-Besuchers gehören. Auch wenn die Zahl der Sehenswürdigkeiten nicht groß ist, erfahren Sie einiges über die Lebensgewohnheiten der Einheimischen, die stolz darauf sind, in der Hauptstadt zu leben. Der Spaziergang dauert etwa anderthalb Stunden.

Den Rundgang durch Male' beginnen Sie dort, wo die Boote von den Hotelinseln anlegen, also am **Marine Drive**. Der wurde vor wenigen Jahren so ausgebaut, dass er schon fast den Charakter einer Flaniermeile hat. Das ist bemerkenswert, weil es bis vor etwa 15 Jahren hier keine einzige asphaltierte Straße gab – der Verkehr wurde auf Sandpisten abgewickelt. Erst im Zuge steigender Fahrzeugzulassungen sah sich die Stadtverwal-

Bild: Blick auf Male'

AUSFLÜGE & TOUREN

tung veranlasst, zumindest eine Straße zu befestigen. Es war die **Majeedhee Magu**, welche die Insel in Ost-West-Richtung durchzieht.

Von der Anlegestelle aus wenden Sie sich nach rechts und gelangen nach wenigen Metern zum ▶▶ *Fischmarkt (S. 33)*. Hier geht's am späteren Nachmittag – etwa ab 16 Uhr – am lebendigsten zu: Dann kehren die Fischerboote zurück, und der frische Fang wird angelandet. Über den Holz-

markt erreichen Sie den **Gemüse- und Obstmarkt** *(S. 33)*. Er ist in einem neuen Hallenkomplex untergebracht. Hier herrscht in den Vormittagsstunden das lebhafteste Treiben. Bananen werden hier staudenweise und Kokosnüsse im Dutzend angeboten.

Weiter schlendern Sie in südlicher Richtung durch die Gassen mit weißen Gebäuden, in denen einige kleine Geschäfte untergebracht sind. Dabei lohnt sich der ein oder andere Blick in einen der zur Straßenseite hin offenen Läden. Sie sind nicht selten bis an die Decke gefüllt mit einem bunten Warensortiment. Gehandelt wird mit allem, was die Malediver fürs tägliche Leben benötigen: vom Angelhaken bis zur Zahnpasta.

Viele Geschäfte in diesem Viertel wurden bereits zu Beginn des 19. Jhs. von geschäftstüchtigen indischen Kaufleuten aus Bombay gegründet. Sie gehörten einer schiitischen Sekte an, der Borah, waren aber auf den Malediven nicht unbedingt gern gesehene Gäste, da sie schon bald nach ihrer Ankunft einen großen Teil des Handels kontrollierten. Übrigens: Hier können Sie Ihre Urlaubsapotheke relativ preiswert auffüllen.

Als Orientierungspunkt beim Bummel durch die Gassen der Hauptstadt dient die golden leuchtende Kuppel der **Al-Sultan-Mohammed-Thakurufaanu-Moschee** *(Grand Friday Mosque, S. 34)*. Das größte islamische Gotteshaus auf den Malediven, in dem 5000 Gläubige zum Gebet Platz finden, trägt den Namen jenes Mannes, der 1573 die Portugiesen vertrieb. Er ging als erster Sultan in die Geschichte der Malediven ein. Von dem 40 m hohen, schlanken **Minarett** lässt ein Muezzin nur noch an hohen Feiertagen seinen Ruf zum Gebet erschallen. An gewöhnlichen Tagen tut er dies per Mikrofon vom Erdgeschoss der Moschee aus. Ein Besuch der Moschee ist außerhalb der Gebetszeiten möglich und verlangt die Einhaltung gewisser Regeln: Frauen dürfen nur hinein, wenn sie entsprechend bekleidet sind (lange Hosen oder ein sarongähnlicher Überwurf sowie eine die Schultern bedeckende Bluse). Aber auch Männer sollten sich angemessen kleiden. Wer die nötigen Kleidungsstücke nicht mitgenommen hat, kann sie sich aber oft direkt vor der Moschee leihen. Beachtenswert sind vor allem die prächtigen Holzschnitzereien im Inneren.

Wenn Sie die Moschee wieder verlassen, sehen Sie schräg gegenüber den Eingang zum **Sultan Park** *(S. 35)*, einer hübschen, kleinen Parkanlage. Hier blühen Bäume und Sträucher, außerdem gibt es ein paar Volieren. Teiche mit Seerosen laden zum Verweilen ein. Hier befindet sich auch das kleine **National Museum** *(S. 34)*, eigentlich mehr ein Kuriositätenkabinett. Abgesehen von Artefakten aus der Geschichte des Archipels können Sie inmitten von alten Stelen und Kanonen jüngeren Datums das Dienstfahrrad des Museumswärters besichtigen. An den Exponaten selbst fehlt zumeist eine Beschriftung; so auch an jenen Steinfragmenten, aus denen der norwegische Forscher Thor Heyerdahl schloss, dass auf den Malediven vor dem Islam der Buddhismus verbreitet war.

Zurück auf der Straße, wenden Sie sich nach rechts und folgen der Straße gut 200 m, bis Sie auf der gegenüberliegenden Seite zunächst den alten islamischen **Friedhof** mit interessanten Gräbern bedeutender Persönlichkeiten und dann die **Hukuru Miskiiy**, die alte Freitagsmoschee, sehen *(S. 34)*. Sie wurde 1656 während der Herrschaft des Sultans Ibrahim Iskander erbaut und erzielt ihre Wirkung allein schon durch die Verzierungen mit arabischen Schriftzeichen und den dunklen, edlen Hölzern. Auf der rechten Straßenseite befindet sich der Zugang zum **Präsidentenpalast** *(S. 35)*, dem ehemaligen Sultanspalast, den Sultan Shamsuddeen III. kurz vor Beginn des Ersten Weltkriegs für seinen Sohn erbauen ließ. Heute dient es nur noch als dessen Büro und kann nicht besichtigt werden. Folgen Sie der Straße in östlicher Richtung, gelangen Sie zur **Sosun Magu**, in die Sie links einbiegen. Sie führt zurück zum **Marine Drive**, dem Ausgangspunkt des Bummels.

2 UNTERWEGS MIT DEM CHARTERBOOT

Wer die Inselwelt der Malediven auf eigene Faust erkunden möchte, kann über die Hotelrezeption ein Schnellboot mit Besatzung chartern. Das ist zwar nicht billig (ca. 500 Euro pro Tag), teilt man den Preis aber durch mögliche 16 Teilnehmer, wird das Unternehmen erschwinglich.

Kontaktfreudigen Menschen dürfte es nicht schwerfallen, während eines Malediven-Urlaubs neue Bekanntschaften zu machen und so genügend Interessenten für einen gemeinsamen Ausflug mit dem Charterboot zu finden. Eine solche Tour muss sich nicht unbedingt auf das Atoll beschränken, in dem man sein Urlaubsdomizil hat. Gerade das Nord- und das Süd-Male'-Atoll bieten sich an, wechselseitig erkundet zu werden. Auf den meisten Hotelinseln sind Tagesbesucher gern gesehen; eine telefonische Anmeldung ist aber unbedingt notwendig. Empfehlenswert ist die Verpflichtung eines einheimischen Begleiters, der die Tour zusammenstellt. Meistens besuchen dann auch eine Einheimischeninsel, den Abschluss des Tages bildet der Aufenthalt auf einer unbewohnten Insel zum Schnorcheln und Baden.

Läden und Passanten in Male's Marktstraße am Hafen

EIN TAG AUF BAROS UND MALE'

Action pur und einmalige Erlebnisse.
Gehen Sie auf Tour mit unserem Szene-Scout

YOGA AM MORGEN

9:00

Der Tag beginnt relaxt: weißer Sand und türkisblaues Meer. Das perfekte Setting, um mit Yoga seinen Körper ins Gleichgewicht zu bringen. Das geht am besten mit dem Sonnengruß, denn der hält den Geist jung und frisch. Anfänger? Kein Problem, der Lehrer zeigt, wie es richtig geht. **WO?** *Anmeldung: Rezeption Baros Maldives, Baros | Kosten: 25 Euro/Pers.*

11:00

POWERBREAK

Das Training hat hungrig gemacht? Im *Lime Restaurant* gibt's die leckersten Sommerkreationen für hungrige Bäuche. Wie wäre es mit Seafood-Salat mit grüner Papaya, Tomaten und Julienne? Aber nicht zu lange genießen, das Boot nach Male', wo das Unterwasserabenteuer wartet, steht schon bereit. **WO?** *Coffee Shop, Baros*

EINFACH MAL ABTAUCHEN

13:00

Knapp eine halbe Stunde übers Meer geschippert und schon kann es losgehen: Ohne Atemregler oder Pressluftflasche werden die Tiefen des Meeres erforscht. Wie das geht? Mit einer Fahrt im *Whalesubmarine*-Unterseeboot taucht man bis zu 40 m tief. Hunderte gelbgestreifter Schnapper und Skorpionfische schwärmen um das Riff. **WO?** *Fährhafen, Male' | Tel. 333 39 39 | 1/2 Std. vorher einchecken | Kosten: ca. 50 Euro | www.submarinesmaldives.com.mv.*

16:00

BUNTES TREIBEN

Die Schau des Nachmittags: Der Obst- und Gemüsemarkt ist ein Erlebnis für alle Sinne. Exotische Gerüche steigen in die Nase, das Stimmengewirr klingt fremdartig, und die Farben der Früchte sind einen Tick intensiver als zu Hause. Unbedingt durchprobieren und mit Gewürzen eindecken. Rosenwasser und Kokosnussöl sind der Einkaufsgeheimtipp. **WO?** *Marine Drive, Male'*

24 h

WELLENREITEN

17:30

Gegen Abend frischt der Wind ein bisschen auf, und dem perfekten Wasservergnügen steht nichts mehr im Weg. Im Wassersportzentrum einfach ein Brett ausleihen, draufspringen und dem orangeroten Sonnenuntergang entgegengleiten. Besser geht's nicht! **WO?** *Wassersportzentrum, Baros | Surfbrett kostenlos*

18:00

ZEIT ZUM VERWÖHNEN

Nach dem Sport steht Relaxen in einem Blütenbad auf dem Programm. Anschließend verwöhnen streichelzarte Hände den müden Rücken. Das Highlight der Thai-Massage im *Aquum-Spa* sind die edlen Massageöle. Mindestens eineinhalb Stunden sollte man sich dafür Zeit nehmen, dann bekommt man eine Ahnung davon, wie viele Muskeln und Sehnen der eigene Körper hat. Herrlich entspannend! **WO?** *Aquum-Spa, Baros | Kosten: ca. 75 Euro*

DINNER IM PARADIES

20:00

Romantischer als im *Lighthouse* auf Baros kann man sein Dinner nicht zu sich nehmen. Die Holzterrasse liegt über dem Meer, und das Licht der Scheinwerfer, die unter der Plattform angebracht sind, lockt abends Fische an. Zum paradiesischen Ausblick passt hervorragend der in Cognac flambierte Hummer – ein wahres Gedicht. **WO?** *Gourmetrestaurant Lighthouse, Baros | vorher reservieren*

21:30

LIVEMUSIK UNTER STERNEN

Abende auf den Malediven gehen früh zu Ende, aber die blau leuchtende *Sails Bar* ist der Treffpunkt für einen Absacker nach dem Dinner. Wenn dazu noch einheimische Bands Livemusik bieten, vergisst man den Blick auf die Uhr. Für den romantischen Abschluss des Tages geht man vor die Tür, steckt seine Zehen in den noch warmen Sand, schaut hinauf zum sternenklaren Himmel und genießt das Rauschen des Meeres. **WO?** *Sails Bar, Baros*

> TAUCHEN, SURFEN UND NOCH VIEL MEHR

Korallen, Fische und tiefblaues, klares Wasser – für Wassersportler sind die Malediven das Traumrevier schlechthin

> Es soll ja Menschen geben, die während eines Malediven-Urlaubs nicht ein einziges Mal den Kopf unter Wasser gesteckt haben. Sollten Sie dazu gehören, wäre das höchst bedauernswert. Denn was die Malediven an Sehenswürdigkeiten zu bieten haben, liegt nun mal mindestens ein, zwei Meter unter der Wasseroberfläche. Um zu entdecken, was da alles schwimmt und wächst, braucht es aber nicht mehr als eine Taucherbrille mit Schnorchel und ein Paar Flossen. Bekommt man dann Lust auf mehr, belegt man einen Tauchkurs, bei dem sich die ganze Vielfalt des Lebens unter Wasser erschließt.

Die Malediven sind noch immer eines der Top-Reiseziele für Taucher. Daran konnten auch El Niño und der Tsunami nichts ändern, die zwar mit verheerender Wucht die Korallenwelt heimsuchten, in der Folge aber für eine bemerkenswert vielfältige Fischpopulation sorgten. Wirklich unberührte Korallenriffe gibt es nur

Bild: Taucher mit Scooter-Antrieb

SPORT & AKTIVITÄTEN

noch in den abgelegenen Atollen, die erst nach und nach für den Tourismus erschlossen werden.

Doch Tauchen und Schnorcheln sind nicht die einzigen Sportarten, die Sie auf den Malediven betreiben können. Ob Wasserski fahren oder Windsurfen, Katamaran segeln oder Parasailing: All das und vieles mehr ist möglich – sogar Golfen. Während der Platz auf Gan allmählich überwuchert wird, gibt es auf der Insel Ku-

redhdhoo im Lhaviyani-Atoll einen neuen 6-Loch-Platz und eine Driving Range; die längste Bahndistanz beträgt immerhin 50 m.

Einige Inseln der gehobenen Kategorie bieten klimatisierte Fitnesszentren mit modernen Kraftmaschinen. Die Benutzung ist meist im Zimmerpreis enthalten. Auf den meisten Hotelinseln gibt es auch Tischtennisplatten; Schläger und Bälle für ein Match erhalten Sie an der Rezeption.

Mächtig Spaß macht es, mit einer luftgefüllten Riesenbanane um die Insel zu fahren – so lange, bis alle Passagiere ins Wasser gepurzelt sind. Und wer darauf nicht verzichten will, kann natürlich auch joggen. Ausgewiesene Joggingparcours gibt es auf keiner Insel, aber passionierte Läufer kommen auf ihr selbst gestecktes Pensum, wenn sie die Insel einfach umrunden, so oft sie können.

ANGELN

Offiziell erlaubt ist das Fischen mit der Handangel, die es an Bord eines jeden Dhonis gibt: einfach einen Köder dran, hinter dem Dhoni herziehen lassen und darauf warten, was anbeißt. Manchmal wird auch Hochseeangeln angeboten, bei dem man mit dem Motorboot zwischen die Atollringe fährt und dann die Angel auswirft. Immer mal wieder wird von kapitalen Fängen berichtet.

KANU FAHREN

Gemütlich durch die Lagune paddeln oder die Insel umrunden, das sorgt für Bewegung – zumindest in den Armen. Kanus zum Ausleihen gibt es auf vielen Inseln in den Sportcentern.

KATAMARAN SEGELN

Weiter hinaus geht es mit den Doppelrumpfsegelbooten. Damit kann man schon mal eine Fahrt zu einer Nachbarinsel unternehmen. In den Wassersportzentren, die es auf jeder Hotelinsel gibt, sagt man Ihnen, wie weit und wohin Sie segeln dürfen.

TAUCHEN

⭐ Auf jeder Hotelinsel gibt es eine Tauchbasis mit mehrsprachigen Tauchlehrern. Die meisten unterrichten nach dem weltweit anerkannten PADI-Prinzip, an dem sich andere Ausbildungsmethoden orientieren. Wenn Sie es einfach nur mal versuchen wollen, gibt es Schnupperkurse in der Lagune, bei denen Sie ausprobieren können, wie Sie mit Atemregler und Tarierweste klarkommen. Ein Tauchkurs dauert vier bis fünf Tage, dabei wird neben der Praxis auch eine gute Portion Theorie vermittelt. Am Ende steht dann eine durchaus ernst gemeinte Prüfung; besteht man sie, erhält man ein Brevet, das weltweite Gültigkeit hat.

Die zum Tauchen notwendige Ausrüstung müssen Sie nicht mitbringen, denn alle Tauchschulen bieten Leihgeräte wie Tarierwesten, Pressluftflaschen, Brillen, Schnorchel und Flossen sowie Tauchcomputer. In den meisten Basen sind die Tauchgeräte gut gewartet, Ausnahmen soll es allerdings geben. Und: Wenn ein Tauchlehrer nicht gleich zu Anfang nach einem ärztlichen Gesundheitszeugnis verlangt, sollten Sie an seiner Seriosität zweifeln. Darin wird Ihnen nämlich von ärztlicher Seite bestätigt, dass Sie gesund sind und die körperlichen Anstrengungen auch ertragen.

Einige Tauchbasen bieten mittlerweile das Tauchen mit Nitrox, einem Gasgemisch aus Stickstoff (Nitrogen) und Sauerstoff (Oxygen). Man könnte auch Atemluft als Nitrox bezeichnen, beim Tauchen meint man damit aber Gemische mit einem höheren Sauerstoffanteil als 21 Prozent. Nitrox hat den Vorteil, dass man länger unter Wasser bleiben kann als mit Pressluft und beim Auftauchen weni-

SPORT & AKTIVITÄTEN

ger Dekompressionsstopps einlegen muss. Die auf den Malediven erlaubte maximale Tauchtiefe ist für alle Taucher verbindlich: Mehr als 28 m sind nicht gestattet! Dass Sie nie allein tauchen sollten, versteht sich von selbst. Für einen Tauchkurs sollten Sie mit einer Ausgabe von etwa 400 Euro zuzüglich Prüfungsgebühr rechnen, eine Woche Non-Limit-Tauchen kostet etwa 300 Euro.

■ TENNIS & SQUASH

Vor allem Hotelinseln der gehobenen Kategorie bieten ihren Gästen die Möglichkeit, Tennis auf gepflegten Plätzen und (meist gegen Gebühr) unter Flutlicht zu spielen. Squash hingegen hat sich noch nicht so durchgesetzt, allerdings steigt die Zahl der klimatisierten Squashcourts von Jahr zu Jahr.

■ WASSERSKI

Hier sei ein kritischer Hinweis erlaubt: Wasserskifahren innerhalb einer Lagune (zer)stört das empfindliche Gleichgewicht des Ökosystems Korallenriff. Gegen Wasserskifahrten im Blauwasser, also außerhalb der Lagune, ist nichts einzuwenden. Die Ausrede, innerhalb der Lagune sei ja sowieso schon alles kaputt, sollte man nicht gelten lassen.

■ WINDSURFEN

Bei Starkwind an der Kante des Hausriffs entlang zu segeln ist ein tolles Erlebnis, aber selbst für Könner auf dem Board eine Herausforderung. Anfänger beschränken sich auf die Lagune, die jede Insel umgibt. Surfboards können meist ausgeliehen werden, auf vielen Inseln gibt es auch Surflehrer.

Freie Fahrt für Windsurfer

EINE SANDBURG STEHT AM STRAND

Feiner Sand, warmes Wasser, Muscheln sammeln und
schnorcheln – auch Kinder fühlen sich auf den Malediven wohl

> Die Malediven gelten nicht gerade als das interessanteste und abwechslungsreichste Zielgebiet für einen Urlaub mit Kindern. Kinderermäßigung bieten zwar alle Reiseveranstalter, aber: Was fängt man mit dem Nachwuchs an? Zwei Wochen lang an einer Sandburg zu basteln oder den Krabben beim Höhlengraben zuzusehen, kann auf die Dauer ganz schön langweilig werden. Ab welchem Alter also sollte man Kinder mit auf die Malediven nehmen? Mit Vorschulkindern, die noch die ganze Aufmerksamkeit der Eltern in Anspruch nehmen, können die Tage ganz ziemlich werden. Mit älteren Kindern (ab ca. 8 Jahren), die sich schon allein zu beschäftigen wissen, sollte das kein Problem sein – zumal auf größeren Inseln, wo es überall ein umfangreiches Angebot an Wassersport gibt. Das beginnt beim meist einwöchigen Surfkurs und endet noch längst nicht beim Bananaboat-Riding. Wer sich hier als Letzter auf der vom Motorboot gezogenen Banane hölt, ist natürlich der King.

Gerade in jüngster Zeit sind vielerorts deutliche Bemühungen zu erkennen, auch die Angebote für kleinere Kinder zu verbessern. So gibt es z.B. im Club Med eine Kinderbetreuung und auf vielen anderen Inseln für Kinder ab zwei Jahren eine qualifizierte Betreuung. Und nicht zuletzt finden Kinder schnell Freunde, sprachliche Barrieren gibt es dabei kaum. Es ist immer wieder faszinierend zu beobachten, wie sich Kinder, die unterschiedliche Sprachen sprechen, beim Spielen am Strand oder im Wasser verstehen.

Und wie beschäftigt man den Nachwuchs an den (seltenen) Regentagen? Altersgerechten Lesestoff gibt es selbst in den etwas umfangreicheren Inselbücherein kaum, weshalb ein paar passende Bücher sowie eine kleine Spielesammlung unbedingt ins Reisegepäck gehören.

Der letzte Schrei für Kinder, die schon (fast) alles erlebt haben: eine Schokomassage im Insel-Spa, etwas ganz Besonderes für kleine Genießer!

> MIT KINDERN REISEN

■ FUSSBALL SPIELEN ■

Auf jeder Hotelinsel gibt es einen Platz
für Ballspiele. Fast jeder Malediver
kennt Fußballer wie Oliver Kahn oder
Ronaldo – und versucht ihnen nachzu-
eifern. Meistens freuen sich die Hotel-
bediensteten über Gäste, die sich einfach dazugesellen und mitmachen.
Deshalb der Tipp für ältere Kinder bzw.
Jugendliche: Einfach mitspielen, ein Kick
im Sand bringt großen Spaß!

■ HAUPTSTADTBESUCH ■

Für den bildungshungrigen Nachwuchs
gibt es allerdings wenig zu sehen und
zu erleben. Museen? Fehlanzeige, sieht
man einmal ab vom kunterbunten Allerlei im Nationalmuseum von Male'. Das
ist schnell abgehakt. Dennoch ist ein
Besuch der Hauptstadtinsel auch für
Kinder eine tolle Abwechslung. Allein
die Bootsfahrt dorthin ist ein Erlebnis,
und dann erst der Fischmarkt! Selber
Fische fangen können Kinder auch beim
Nachtangeln, das auf allen Inseln angeboten wird.

■ TAUCHEN & SCHNORCHELN ■

Natürlich bieten sich die Malediven für
die ersten Geh-, oder besser Schwimm-
und Tauchversuche der Kleinen an.
Obwohl Kinder erst ab 12 Jahren einen
richtigen Open-Water-Tauchschein machen können (ein tauchärztliches Gesundheitszeugnis müssen Sie dafür auch
im Gepäck haben), bietet die PADI, die
weltweite Vereinigung von Tauchlehrern, schon den Kleineren das *Bubble-
Maker*-Programm, bei dem auf spieleri-
sche Art der erste Kontakt zum Meer
und seinen Bewohnern aufgenommen
wird. Ganz neu ist das *Sealteam-Pro-
gramm*, bei dem Kinder ab 8 Jahren lernen, wie man unter Wasser eine Tauch-
maske ausbläst oder einen Atemregler
wieder einfängt.
Ob mit oder ohne Taucherbrille und
Flossen: Im Wasser sind Kinder in ihrem
Element. Inseln mit vorgelagerten flachen Lagunen und wenigen Korallenstöcken eignen sich zum Schwimmenler-
nen natürlich besser. Auch hier gilt: Badeschuhe mit fester Sohle sind Pflicht!

> VON ANREISE BIS ZOLL

Urlaub von Anfang bis Ende: die wichtigsten Adressen und Informationen für Ihre Malediven-Reise

ANREISE

Die Malediven sind von Mitteleuropa im Linien- und Charterflugverkehr zu erreichen. Alternativ dazu besteht die Möglichkeit, von Sri Lanka anzureisen. Die Flugzeiten betragen von Europa 9–14 Stunden, von Sri Lanka gut eine Stunde. Ein Linienticket kostet 900–1100 Euro, Sonderangebote gibt's ab 550 Euro. Viele Veranstalter bieten Pauschalreisen an, die günstiger sind als die Kombination aus selbst gebuchtem Flug und Hotel. Von Colombo (Sri Lanka) kostet der Hin- und Rückflug nach Male' ca. 130 Euro.

Die deutschen Charterfluggesellschaften Condor und LTU bieten wöchentlich mehrfach Direktverbindungen von verschiedenen deutschen Städten aus an. Reiseveranstalter bieten zweiwöchige Malediven-Aufenthalte auf einer Komfortinsel bereits für ca. 1600 Euro an; gibt man sich mit einer „Standardinsel" zufrieden, reduziert sich der Preis um gut 200 Euro. Auf Tauchreisen spezialisierte Veranstalter bieten Reisen an, in deren Preis bisweilen die Leihgebühr für die benötigte Tauchausrüstung sowie eine gewisse Anzahl von Tauchgängen enthalten sind. Auch Luxusliner kreuzen durch die Atolle. Kombinationen von Resortaufenthalten, Kreuzfahrten und Tauchsafaris sind möglich.

PRAKTISCHE HINWEISE

AUSKUNFT

FREMDENVERKEHRSAMT DER MALEDIVEN

Aschaffenburger Str. 96 | 63500 Seligenstadt | Tel. 06182/99 34 857 | Fax 99 34 858 | info@visitmaldives.de | www.visitmaldives.de

MALDIVES TOURISM PROMOTION BOARD

12, Boduthakurufaanu Magu (3. Stock) | Male' | Tel. 33 23 228 | Fax 33 23 229 | mtpb@visitmaldives.com

DIPLOMATISCHE VERTRETUNGEN

Die Bundesrepublik Deutschland unterhält in Male' *(38, Orchid Magu | Tel. 33 23 080 | Fax 33 22 258)* ein Honorarkonsulat. Österreichischen Staatsbürgern hilft man in Male' bei *Universal Enterprises Ltd. (39, Orchid Magu | Tel. 33 22 971 | Fax 33 22 678).* Für Schweizer ist das Schweizer Konsulat in Colombo (Sri Lanka) zuständig: *63, Gregory's Road | Colombo 7 | Tel. 00 941/69 51 48 | Fax 69 51 69 | vertretung@col.rep.admin.ch.*

EINREISE & AUSREISE

Deutsche, Österreicher und Schweizer erhalten ein 30 Tage geltendes Visum am Flughafen in den Pass gestempelt. Der Reisepass muss über den Tag der Einreise hinaus weitere sechs Monate gültig sein. Kinder müssen einen Kinderausweis mit Lichtbild oder einen eigenen Reisepass besitzen oder im Pass der Eltern eingetragen sein (bis zum Alter von 14 Jahren möglich). Eine Visumsverlängerung auf insgesamt 90 Tage ist beim *Department of Immigration in Male' (Huravee Building | Tel. 33 23 912)* möglich und kostenpflichtig. Passbilder nicht vergessen! Vor dem Abflug ist eine Flughafengebühr von zzt. 10 US $ zu entrichten (für Charterreisende übernimmt das meist der Veranstalter).

FKK

Der Islam ist Staatsreligion, womit sich die Frage nach Nacktbaden von selbst erledigt. Selbst oben ohne wird nicht geduldet; es drohen saftige Geldstrafen (ca. 1000 US $).

FLUGVERBINDUNGEN ZWISCHEN DEN INSELN

Alternativ zur Anreise per Motordhoni oder Schnellboot wird der Transport mit dem Wasserflugzeug angeboten: *Maldivian Air Taxi (Tel. 331 52 01 | www.mataxi.com)* oder *Trans Maldivian Airways (TMA | Tel. 33 48 400 | www.tma.com.mv).*

GELD

Währung: Die maledivische Währung heißt Ruffiya (in Anlehnung an die indische Rupie). 1 Ruffiya (MVR) = 100 Lari. Banknoten gibt es zu 2, 5, 10, 20, 50 und 100 Ruffiya, Münzen zu 1, 2, 5, 10, 25 und 50 Lari und 1 Ruffiya.

Devisenbestimmungen: Die Ein- bzw. Ausfuhr von Landeswährung ist gestattet. Am Flughafen Hulule besteht vor der Ausreise die Möglichkeit, maledivisches Geld zurückzutauschen. Alle Hotelanlagen rechnen in US $ ab, auch beim Shopping in Male' oder auf den von Einheimischen bewohnten Inseln können Sie mit US $ bezahlen.

WÄHRUNGSRECHNER

€	MVR	MVR	€
1	19	10	0,53
3	57	20	1,06
4	76	25	1,32
5	95	30	1,59
7	133	40	2,12
8	152	50	2,65
9	171	70	3,71
10	190	80	4,24
25	475	90	4,77

Geldwechsel: In Male' gibt es mehrere Geldinstitute, die Mo–Do 8 bis 13.30 Uhr geöffnet haben. Auf den Inseln ist der Geldumtausch nur an der Hotelrezeption möglich (schlechter Kurs).

Zahlungsmittel: Bewährt hat sich der Sicherheit wegen die Mitnahme von Reiseschecks in US $ bzw. in Euro.

Kreditkarten: Alle Hotels/Resorts akzeptieren American Express, Diners Club, Master-/Eurocard und Visa.

■ GESUNDHEIT ■

Wer nicht gleich das Bett hüten will, schaltet nachts die Klimaanlage aus. Anstrengenden Sport sollte man nur in den Morgen- bzw. Abendstunden ausüben und in den ersten Tagen die pralle Sonne meiden.

Bei Schnorchelausflügen sollten die Ohren mit Ohrentropfen vor- und nachbehandelt werden, um Entzündungen vorzubeugen. Achten Sie darauf, dass Ihre Reiseapotheke damit bestückt ist. Schutzimpfungen sind zzt. nicht vorgeschrieben. Es empfiehlt sich jedoch eine Impfung gegen Cholera sowie eine Auffrischung der Tetanusimpfung.

In Male' gibt es zwei gut ausgestattete Krankenhäuser: *ADK Hospital Sosun Magu | Tel. 3313553; Indira Gandhi Hospital | Tel. 3335336.* In Notfällen wird von Male' ein Arzt mit dem Boot entsandt; im Regelfall muss der Patient jedoch zur Behandlung dorthin gebracht werden (Transport muss selbst bezahlt werden). Sinnvoll ist deshalb eine Reisekrankenversicherung, da deutsche Krankenkassen Arzt- und Krankenhausrechnungen von den Malediven nicht bezahlen. Bei ernsten Erkrankungen wenden Sie sich an Ihre diplomatische Vertretung. Auf den Hotelinseln gibt es kleine Ambulanzen, die zur Versorgung kleiner Verletzungen gedacht sind und die auch Medikamente vorhalten. In Male' gibt es eine Apotheke in der Nähe des Hospitals.

■ INTERNET ■

Der umfangreichste deutsche Internetauftritt ist *www.visitmaldives.de* – die offizielle Internetseite des Maledivischen Tourismusbüros. Hier findet man Kurzbeschreibungen aller Inseln und Tipps für die Vorbereitung einer Malediven-Reise. Unter den vielen mehr oder weniger privaten Homepages zu den Malediven sticht

PRAKTISCHE HINWEISE

besonders die Seite *www.malediven-reiseinfo.de* hervor, die sehr ausführlich über die einzelnen Touristenresorts berichtet und auch Wissenswertes über Land und Leute enthält.

Auf einigen Inseln gibt es Webcams, die aktuelle Bilder z.B. vom Wetter bieten. Eine Auflistung finden Sie unter *www.webcamgalore.com/DE/Malediven/countrycam-0.html*.

INTERNETCAFÉS & WLAN

Beschränkte sich die Kommunikationstechnik bis vor wenigen Jahren noch aufs Telefonieren per Satellit, spielt heute das Internet eine immer größere Rolle. Fast alle Inseln bieten drahtlose WLAN-Hotspots, WiFi genannt, zumindest in den *public areas* wie Bar, Bibliothek oder Rezeption, oft auch im Zimmer. Der Zugang zu Mails und zum Internet ist in den meisten Fällen sogar kostenlos.

KLEIDUNG

Da es selbst auf den nobelsten Inseln keine gesellschaftlichen Verpflichtungen gibt, tun's bei den Herren ein oder zwei lange Hosen und ein paar kurzärmelige Hemden, bei den Damen ein knielanger Rock und eine die Schultern bedeckende Bluse. Wer plant, Male' zu besuchen, sollte wissen, dass dort „anständige" Kleidung zum guten Ton gehört. Will man dort auch das Islamische Zentrum besichtigen, wird man ohne entsprechende Kleidung nicht eingelassen. Auch beim Aufenthalt im Resort sollten in der Bar, im Restaurant und im Rezeptionsbereich immer T-Shirt, Shorts bzw. Sarong getragen werden.

Da es nur geringe Temperaturschwankungen gibt, brauchen Sie abends allenfalls eine leichte Strickjacke. Unbedingt ins Gepäck gehören Badeschuhe mit griffiger Sohle. Sie bewähren sich beim Strandspaziergang, denn abgebrochene und angeschwemmte Korallen sind mitunter

> WAS KOSTET WIE VIEL?

> **TRINK-WASSER**	**AB 2,50 EURO** für eine 1,5-Liter-Flasche
> **BIER**	**AB 3 EURO** für ein Glas/Dose (0,3 l)
> **WEIN**	**AB 15 EURO** für eine Flasche (0,75 l)
> **IMBISS**	**AB 7,50 EURO** z.B. für ein Sandwich
> **TAUCHKURS**	**AB 400 EURO** für einen PADI-Grundkurs mit Zertifikat
> **INSELHÜPFEN**	**45 EURO** Tagesausflug

so scharfkantig, dass man sich üble Verletzungen zuziehen kann.

NOTRUF

Die Polizei ist in Male' stationiert und reist bei Bedarf im Boot an. Ansprechpartner in Notfällen ist die Hotel- bzw. Reiseleitung. Nur wenige Polizeibeamte sprechen Englisch.

ÖFFNUNGSZEITEN

Der Freitag gilt Muslimen als Feiertag. An diesem Tag ruht nahezu das gesamte öffentliche Leben. Auch während des Fastenmonats Ramadan sind die Öffnungszeiten eingeschränkt. *Geschäfte in Male': tgl. 8 bis 21, Fr ab 14 Uhr geschl.; Banken: Mo–Do 8–13.30 Uhr; Behörden: Mo–Do 7–13.30 Uhr*

POST

In Male' befindet sich am westlichen Ende des Marine Drive das Hauptpostamt *(Sa–Do 9–12, 16–18 Uhr).* Post können Sie an der Hotelrezeption abgeben. Dort erhalten Sie auch Briefmarken. Postkarten und Briefe (Luftpost) kosten 10 Ruffiya. Laufzeit nach Europa: 8–14 Tage.

PREISE

Die Malediven sind kein billiges Urlaubsland, weil fast alles, was Touristen brauchen, eingeführt werden muss. So liegen vor allem die Preise für Essen und Getränke auf hohem Niveau, das zzt. nur durch den günstigen Eurokurs etwas abgemildert wird: Eine Hauptmahlzeit kostet ca.

15, eine Pizza 8 Euro. Für eine Cola werden ca. 2, für ein Bier 3 Euro verlangt.

REISEZEIT

Die Malediven sind wegen ihrer geringen Klimaschwankungen fast das ganze Jahr über zu bereisen. Eine Ausnahme bilden die Monate Mai/Juni (Nordostmonsun oder *Iruvai*) und Sept./Okt. (Südwestmonsun oder *Hulangu*), wenn der Monsunwechsel ansteht, der bisweilen Stürme bis Orkanstärke mit sich bringt. Als ideale Reisezeit gelten die Monate des europäischen Winters. Übergangsmonate wie November und April sind sehr ruhig und haben besonders klares Wasser. Surfer sollten beachten, dass im Herbst und im Frühjahr jeweils ca. zwei Wochen lang Windstille herrscht, wenn der Monsun seine Richtung ändert. Das sind dann ideale Zeiten für Taucher, während

WETTER AUF DEN MALEDIVEN

Jan.	Feb.	März	April	Mai	Juni	Juli	Aug.	Sept.	Okt.	Nov.	Dez.
29	29	30	31	31	30	29	29	29	29	29	29
Tagestemperaturen in ºC											
23	24	25	27	26	25	24	25	25	24	23	23
Nachttemperaturen in ºC											
9	10	10	8	7	7	7	7	7	7	8	7
Sonnenschein Std./Tag											
3	1	1	3	9	17	14	12	10	11	8	4
Niederschlag Tage/Monat											
28	28	29	29	29	29	29	28	28	28	28	28
Wassertemperaturen in ºC											

Mai und Oktober meist optimale Bedingungen für den Windsurfer bieten. Wenn planktonreiches Wasser vorherrscht (Juli–Sept.), ist die Sicht für Taucher zwar nicht ideal, dafür die Wahrscheinlichkeit, Großfische zu sichten, in dieser Zeit erheblich höher.

STROM

Die Stromspannung beträgt 220 Volt, europäische Stecker können meist benutzt werden. Sonst erhält man an der Hotelrezeption Adapter.

TELEFON & HANDY

Mittlerweile sind auch die abgelegenen Atolle handytechnisch erschlossen, nur: Das mobile Telefonieren hat seinen Preis. Minutenpreise von 8–12 Euro sind üblich, da es mit *Dhiraguu* auch nur eine Telefongesellschaft gibt. Tipp: Anrufen lassen, das kostet „nur" 2–4 Euro pro Minute. Prepaidkarten funktionieren nicht. Die Mailbox sollten Sie zu Hause ausschalten, weil sonst das Gespräch zuerst auf die Malediven und bei Nichterreichbarkeit wieder zurück nach Deutschland geht. Allerdings sind auch Telefonate vom Festnetz nicht billig; rechnen Sie mit ca. 5 Euro/Min. Am günstigsten sind Telefonkarten, die man auf Einheimischeninseln erhält und mit denen Sie dort auch von Telefonzellen aus anrufen können. Vorwahl für die Malediven *00960*, für Deutschland *0049*, für Österreich *0043,* für die Schweiz *0041*.

TRINKGELD

Faustregel: Pro Woche Aufenthalt ist ein Trinkgeld in Höhe von US $ 5–10 angemessen, jeweils für den Restaurantkellner sowie den Roomboy. Bei gutem Service ist ein höherer Betrag immer willkommen.

TRINKWASSER

Süßwasser ist auf den Malediven ein kostbares Gut, weshalb Sie sparsam damit umgehen sollten. Auf allen Inseln gibt es jedoch genügend Trinkwasser, das mit Meerwasserentsalzungsanlagen gewonnen wird. Eine Flasche oder Kanne Trinkwasser pro Gast und Tag wird auf den meisten Inseln kostenlos bereitgestellt.

ZEIT

Der Zeitunterschied zur MEZ beträgt plus 4 Stunden (während der Mitteleuropäischen Sommerzeit nur 3 Stunden). Gebräuchlich ist die angelsächsische Schreibweise mit *a.m.* für die Zeit von 0–12 bzw. *p.m.* für die Zeit von 12–24 Uhr. Achtung: Auf einigen Inseln gibt es eine künstliche Inselzeit; dort ist es dann z.B. eine Stunde später als in Male'. Das wird damit begründet, dass sich die Gäste auf diese Weise eine Stunde länger dem Müßiggang hingeben können.

ZOLL

Verboten ist die Einfuhr von Alkohol, Schweinefleisch, Waffen (z.B. Harpunen) und pornografischen Schriften (worunter auch schon eine deutsche Illustrierte fallen kann). Koralle und Schildpatt dürfen nicht ausgeführt werden. In die EU eingeführt werden dürfen pro Person Souvenirs im Wert von bis zu 175 Euro, 1 l Spirituosen, 200 Zigaretten oder 50 Zigarren oder 250 g Tabak sowie 250 g Kaffee. Die Einfuhr von allem, was dem Washingtoner Artenschutzabkommen unterliegt, ist verboten.

> DO YOU SPEAK ENGLISH?

„Sprichst du Englisch?" Dieser Sprachführer hilft Ihnen,
die wichtigsten Wörter und Sätze auf Englisch zu sagen

Aussprache

Zur Erleichterung der Aussprache sind alle englischen Wörter mit einer einfachen
Aussprache (in eckigen Klammern) versehen. Folgende Zeichen sind Sonderzeichen:

ə	nur angedeutetes „e" wie in bitte
θ	[s] gesprochen mit der Zungenspitze zwischen den Zähnen
'	die nachfolgende Silbe wird betont. Bei einer Hauptbetonung steht das Zeichen oben vor der Silbe, bei einer Nebenbetonung unten.

■ AUF EINEN BLICK ■

Ja./Nein.	Yes. [jäs]/No. [nəu]
Vielleicht.	Perhaps. [pə'häps]/Maybe. ['mäibih]
Bitte./Danke.	Please. [plihs]/Thank you. ['θänkju]
Vielen Dank!	Thank you very much. ['θänkju 'wäri 'matsch]
Gern geschehen.	You're welcome. [joh 'wälkəm]
Entschuldigung!	I'm sorry! [aim 'sori]
Wie bitte?	Pardon? ['pahdn]
Ich verstehe Sie/dich nicht.	I don't understand. [ai dəunt andə'ständ]
Ich spreche nur wenig …	I only speak a bit of … [ai 'əunli spihk ə'bit əw …]
Können Sie mir bitte helfen?	Can you help me, please? ['kən ju 'hälp mi plihs]
Wie viel Uhr ist es?	What time is it? [wot 'taim is it]
Wo sind bitte die Toiletten?	Where are the restrooms, please? ['weərə θə 'restruhms plihs]
Damen/Herren	Ladies ['läidies]/ Gentlemen ['dschäntlmən]

■ KENNENLERNEN ■

Guten Morgen!	Good morning! [gud 'mohning]
Guten Tag!	Good afternoon! [gud ahftə'nuhn]
Guten Abend!	Good evening! [gud 'ihwning]
Hallo! Grüß dich!	Hello! [hə'ləu]/Hi! [hai]
Mein Name ist …	My name is … [mai näims …]
Wie ist Ihr/dein Name?	What's your name? [wots joh 'näim]
Wie geht es Ihnen/dir?	How are you? [hau 'ah ju]
Danke. Und Ihnen/dir?	Fine thanks. And you? ['fain θänks, ənd 'ju]

SPRACHFÜHRER ENGLISCH

Auf Wiedersehen! — Goodbye!/Bye-bye! [gud'bai/bai'bai]
Tschüss! — See you!/Bye! [sih ju/bai]
Bis morgen! — See you tomorrow! [sih ju tə'mərəu]

UNTERWEGS

AUSKUNFT

links/rechts — left [läft]/right [rait]
geradeaus — straight on [sträit 'on]
nah/weit — near [niə]/far [fah]
Bitte, wo ist …? — Excuse me, where's …, please?
[iks'kjuhs 'mih 'weəs … plihs]

Flughafen — airport ['eəpoht]
Hafen — port [poht]
Anlegestelle — jetty [tschetti]
Wie weit ist das? — How far is it? ['hau 'fahr_is_it]
Ich möchte … mieten. — I'd like to hire … [aid' laik tə 'haiə]
 … ein Fahrrad … — … a bike. [ə 'baik]
 … ein Boot … — … a boat. [ə 'bəut]

UNFALL

Hilfe! — Help! [hälp]
Achtung! — Attention! [ə'tänschn]
Vorsicht! — Look out! ['luk 'aut]
Rufen Sie bitte … — Please call … ['plihs 'kohl]
 … einen Krankenwagen. — … an ambulance. [ən 'ämbjuləns]
 … die Polizei. — … the police. [θə pə'lihs]

ESSEN & TRINKEN

Die Speisekarte, bitte. — May I have the menu, please.
['mäi ai häw θə 'mänjuh plihs]
Ich nehme … — I'll have … [ail häw]
Bitte ein Glas … — A glass of …, please
[ə 'glahs_əw … plihs]
Besteck — cutlery ['katləri]
Messer/Gabel/Löffel — knife [naif]/fork ['fohk]/
spoon ['spuhn]
Vorspeise — hors d'œuvre [oh'döhwr]/
starter ['stahtə]
Hauptgericht — main course ['mäin 'kohs]
Nachspeise — dessert [di'söht]

Salz/Pfeffer	salt [sohlt]/pepper ['päpə]
scharf	hot [hot]
Ich bin Vegetarier/in.	I'm a vegetarian.
	[aim a ‚wädschi'teəriən]
Trinkgeld	tip [tip]
Die Rechnung, bitte.	May I have the bill, please?
	['mäi ai häw θə 'bil plihs]

▪ EINKAUFEN

Wo finde ich …	Where can I find …
	['weə 'kən_ai 'faind]
… eine Apotheke?	… a chemist? [ə 'kämist]
… ein Lebensmittelgeschäft?	… a food store? [ə 'fuhd stoh]
… einen Markt?	… a market? [ə 'mahkit]
Haben Sie …?	Have you got …? ['həw ju got]
Ich möchte …	I'd like … [aid 'laik]
Ein Stück hiervon, bitte.	A piece of this, please.
	[ə pihs əw θis plihs]
Das gefällt mir (nicht).	I (don't) like it. [ai (dəunt) laik_it]
Wie viel kostet es?	How much is it? ['hau 'matsch is it]
Nehmen Sie Kreditkarten?	Do you take credit cards?
	[du_ju täik 'kräditkahds]

▪ ÜBERNACHTEN

Ich habe bei Ihnen ein	I've reserved a room.
Zimmer reserviert.	[aiw ri'söhwd_ə 'ruhm]
Haben Sie noch Zimmer frei?	Have you got any vacancies?
	[həw ju got_‚äni 'wäikənsis]
ein Einzelzimmer	a single room [ə 'singl ruhm]

Ein paar Worte Dhivehi bauen Brücken

Guten Tag/Morgen/Abend	*assalam aleikum* (oder *Salam*)
Wie geht's?	*haalu kihine/kineta*
Hallo	*kihine*
bis später	*vakivani*
ja, nein	*aan/aadhe, noon*
sehr gut, hervorragend	*barabaru*
schlecht	*sakkara*
heute, gestern, morgen	*miadhu, iyé, madama*
danke	*shukurija*
Entschuldigung	*naaf kuravaa*
Was ist das?	*koche*
Ich weiß nicht	*nenget*

ein Doppelzimmer	a double room [ə 'dabl ruhm]
mit Dusche/Bad	with a shower/bath
	[wiθ ə 'schauə/'bahθ]
Was kostet das Zimmer?	How much is the room?
	['hau 'matsch is θə ruhm]
Frühstück	breakfast ['bräkfəst]
Halbpension/Vollpension	half board ['hahf' bohd]/
	full board ['ful bohd]

■ PRAKTISCHE INFORMATIONEN

Können Sie mir einen	Can you recommend a doctor?
Arzt empfehlen?	[kən ju ˌräkə'mänd ə 'doktə]
Ich habe hier Schmerzen.	I've got pain here. [aiw got päin 'hiə]
Ich habe Durchfall.	I've got diarrhoea. [aiw got daiə'riə]
Kinderarzt	pediatrician [ˌpihdiə'trischn]
Zahnarzt	dentist ['däntist]
Eine Briefmarke, bitte.	One stamp, please. [wan stämp 'plihs]
Postkarte	postcard [pəuskahd]
Wo ist bitte …	Where's … , please? ['weəs … plihs]
… die nächste Bank?	… the nearest bank …
	[θə 'niərist 'bänk]
… der nächste Geldautomat?	… the nearest cashpoint …
	[θə 'niərist 'käschpoint]

■ ZAHLEN

0	zero, nought [siərəu, noht]	19	nineteen [ˌnain'tihn]
1	one [wan]	20	twenty ['twänti]
2	two [tuh]	21	twenty-one [ˌtwänti'wan]
3	three [θrih]	30	thirty ['θöhti]
4	four [foh]	40	forty ['fohti]
5	five [faiw]	50	fifty ['fifti]
6	six [siks]	60	sixty ['siksti]
7	seven ['säwn]	70	seventy ['säwnti]
8	eight [äit]	80	eighty ['äiti]
9	nine [nain]	90	ninety ['nainti]
10	ten [tän]	100	a (one) hundred
11	eleven [i'läwn]		['ə (wan) 'handrəd]
12	twelve [twälw]	1000	a (one) thousand
13	thirteen [θöh'tihn]		['ə (wan) 'θausənd]
14	fourteen [ˌfoh'tihn]	10000	ten thousand
15	fifteen [ˌfif'tihn]		['tän 'θausənd]
16	sixteen [ˌsiks'tihn]	½	a half [ə 'hahf]
17	seventeen [ˌsäwn'tihn]	¼	a (one) quarter
18	eighteen [ˌäi'tihn]		['ə (wan) 'kwohtə]

Piloten vor ihrem Air-Taxi

> UNTERWEGS AUF DEN MALEDIVEN

Die Seiteneinteilung für den Reiseatlas finden Sie auf dem hinteren Umschlag dieses Reiseführers

REISE
ATLAS

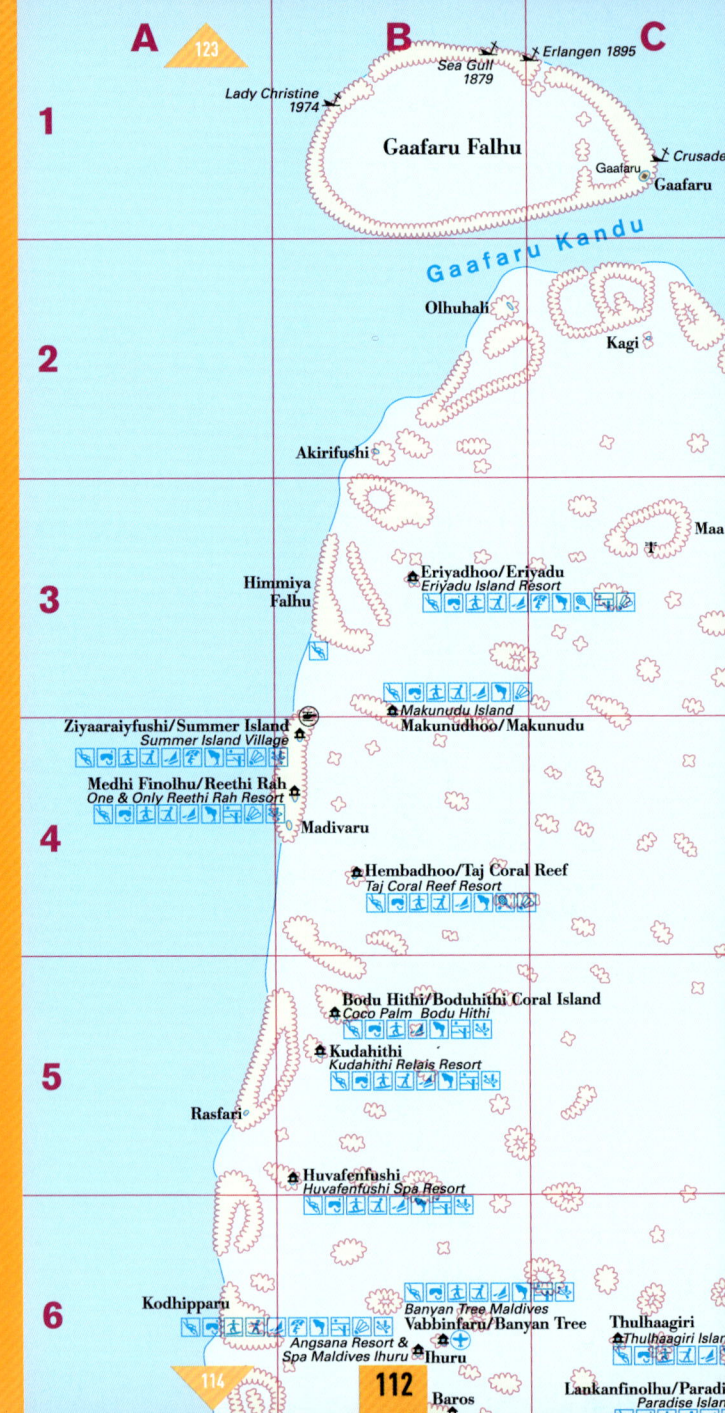

1

Lady Christine 1974

Sea Gull 1879

Gaafaru Falhu

Crusader
Gaafaru · Gaafaru

Gaafaru Kandu

2

Olhuhali

Kagi

Akirifushi

Maa

3

Himmiya Falhu

Eriyadhoo/Eriyadu
Eriyadu Island Resort

Ziyaaraiyfushi/Summer Island
Summer Island Village

Makunudu Island

Makunudhoo/Makunudu

Medhi Finolhu/Reethi Rah
One & Only Reethi Rah Resort

4

Madivaru

Hembadhoo/Taj Coral Reef
Taj Coral Reef Resort

Bodu Hithi/Boduhithi Coral Island
Coco Palm Bodu Hithi

Kudahithi
Kudahithi Relais Resort

5

Rasfari

Huvafenfushi
Huvafenfushi Spa Resort

6

Kodhipparu

Banyan Tree Maldives
Vabbinfaru/Banyan Tree

Thulhaagiri
Thulhaagiri Island

Angsana Resort &
Spa Maldives Ihuru · Ihuru

Baros

Lankanfinolhu/Paradis
Paradise Island

1

5 km

I N D I A N

2

O C E A N

Helegeli/Helengeli
Helengeli Tourist Village

North Male' Atoll

3

Kassan Faru

4

Asdu Sun Island

Asdhoo/Asdu

Meerufenfushi/Meeru
Meeru Island Resort

Dhiffushi

Dhiffushi Falhu

5

Thulusdhoo
Thulusdhoo   •**Viligilimathidhahuraa**

Gasfinolhu
Gasfinolhu Island Resort

ifushi Island Resort
Lohifushi
Huraa **Kanifinolhu**
ur Seasons *Club Med Kanifinolhu*
Kuda Huraa
Kuda Huraa
Kanu Huraa/Tari Island
Dhonveli Beach Resort & Spa

6

Himmafushi
ankanfushi/Hudhuveli
neva Gili Resort & Spa

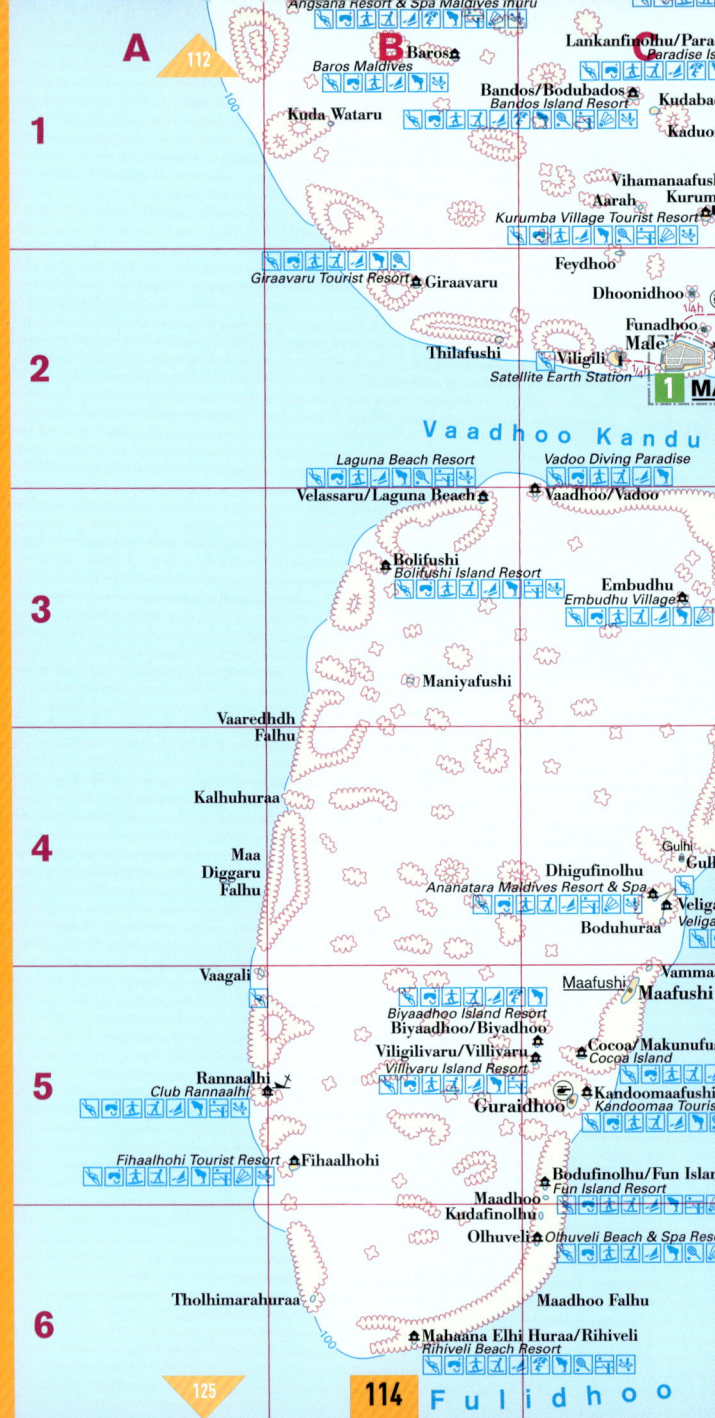

1

2

3

4

5

6

Angsana Resort & Spa Maldives Ihuru

Lankanfinolhu/Paradi
Paradise Isla

Baros
Baros Maldives

Bandos/Bodubados
Bandos Island Resort

Kuda Wataru

Kudabado

Kaduoiy

Vihamanaafushi
Aarah   Kurumba
Kurumba Village Tourist Resort

Giraavaru Tourist Resort
Giraavaru

Feydhoo

Dhoonidhoo

Funadhoo
Thilafushi   Viligili   Malé
Satellite Earth Station   1 MA

MA

V a a d h o o   K a n d u

Laguna Beach Resort
Velassaru/Laguna Beach

Vadoo Diving Paradise
Vaadhoo/Vadoo

Bolifushi
Bolifushi Island Resort

Embudhu
Embudhu Village

Maniyafushi

Vaaredhdh
Falhu

Kalhuhuraa

Maa
Diggaru
Falhu

Gulhi
Gulhi

Dhigufinolhu
Ananatara Maldives Resort & Spa

Veligan
Veligan

Boduhuraa

Vaagali

Vammaaf
Maafushi   Maafushi

Biyaadhoo Island Resort
Biyaadhoo/Biyaadhoo

Viligilivaru/Villivaru
Villivaru Island Resort

Cocoa/Makunufush
Cocoa Island

Rannaalhi
Club Rannaalhi

Kandoomaafushi
Kandooma Tourist

Guraidhoo

Fihaalhohi Tourist Resort
Fihaalhohi

Bodufinolhu/Fun Island
Fun Island Resort

Maadhoo
Kudafinolhu

Olhuveli   Olhuveli Beach & Spa Resor

Maadhoo Falhu

Tholhimarahuraa

Mahaana Elhi Huraa/Rihiveli
Rihiveli Beach Resort

Himmafushi

Lankanfushi/Hudhuveli
Soneva Gili Resort & Spa

hi

anafushi/Full Moon
Moon Beach Resort

kolhufushi/Faru
Med Farukolhufushi

International Airport

81

lhu

inolhu/Taj Lagoon
esort & Spa

diggaru

alm Tree Island

E

F

113

Tuticorin (India)

Colombo (Sri Lanka)

1

Male' Atoll
(Kaafu Atoll)

2

South Male' Atoll

3

4

I N D I A N

O C E A N

5

5 km

6

u

125

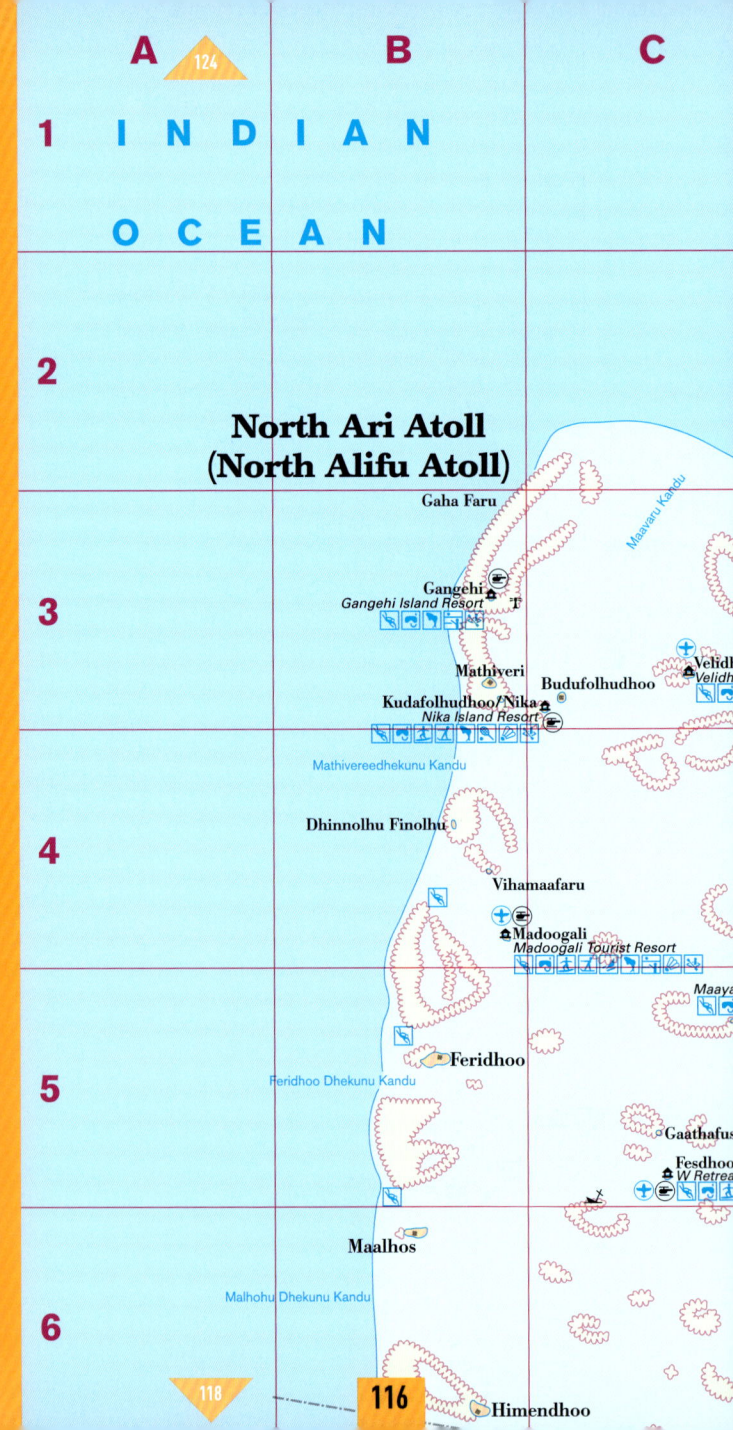

124

1 I N D I A N

O C E A N

2

**North Ari Atoll
(North Alifu Atoll)**

Gaha Faru

Maavaru Kandu

3 **Gangehi**
Gangehi Island Resort

Velidh
Velidh

Mathiveri
Budufolhudhoo
Kudafolhudhoo/Nika
Nika Island Resort

Mathivereedhekunu Kandu

Dhinnolhu Finolhu

4

Vihamaafaru

Madoogali
Madoogali Tourist Resort

Maayaa

Feridhoo

5 Feridhoo Dhekunu Kandu

Gaathafus

Fesdhoo
W Retreat

Maalhos

Malhohu Dhekunu Kandu

6

118

Himendhoo

D **E** **F**

124

1

Hukuru Miskiiy
Thoddoo
Atoll **Thoddoo**

T h o d d o o   K a n d u

Rasdhoo Atoll

2

Veligadu/Veligandu
Veligandu Island Resort

Madivaru Finolhu

Madivaru

Reindeer 1868 Rasdhoo

Kuramathi **Rasdhoo**

Kuramathi Tourist Resort

Kuramathi Cottage Club
Blue Lagoon Beach
Kuramathi Village

3

gandu

has **Fushi**

nd
ort

Madivaru Kandu

4

Beyrumadivaru
Etheremadivaru

Defaffalhu

Resort **Maayaafushi** **Bathala**
Bathala Island Resort

Maagaa Kanduolhi

aveli Holiday Village **Halaveli**

Mishimas Mighili
(Dhoni Mighili)

dives

Ellaidhoo
Ellaidhoo Tourist Resort

5

Kadholhudhoo

Maagau

gfuri

Konagau

Mushimasmingali

Fishi Faru

Ari Atoll
(Alifu Atoll)

5 km

Meerufenfushi

Fishifaru Kandu

6

Faana Mudugau

119

1

Himendhoo

Athurugau
Athurugau Island Resort

Moofushi Tourist Resort ♨ Moofushi

Hathaaboah

Maavaru
Faru

2

Eboodhoo

Heer

Kalhahadhi Kandu

Innafushi

Kalhahadhihuraa

Thudufushi/Thundufushi
Thundufushi Island Resort

Bulhalafushi

3

Fottah

Uvehigau

Mandhoo

Hurasdhoo

Angaagau/Angaga
Angaga Island Resort

4

Mandhoo Dhekunu Kandu

Rangali
Finolhu

Mirihi
Mirihi Island Resort

Rangali
Conrad Maldives Rangali Island

T

Maafushiv

Hukurudhoo

5

Huru-elhi

Bodufinolhu
Sun Island Resort

Fenfushi

Nalaguraidhoo/S
Ma

Dhiffushi/Holiday Island
Holiday Island

6

A r i y a d

Maamigilee Ka

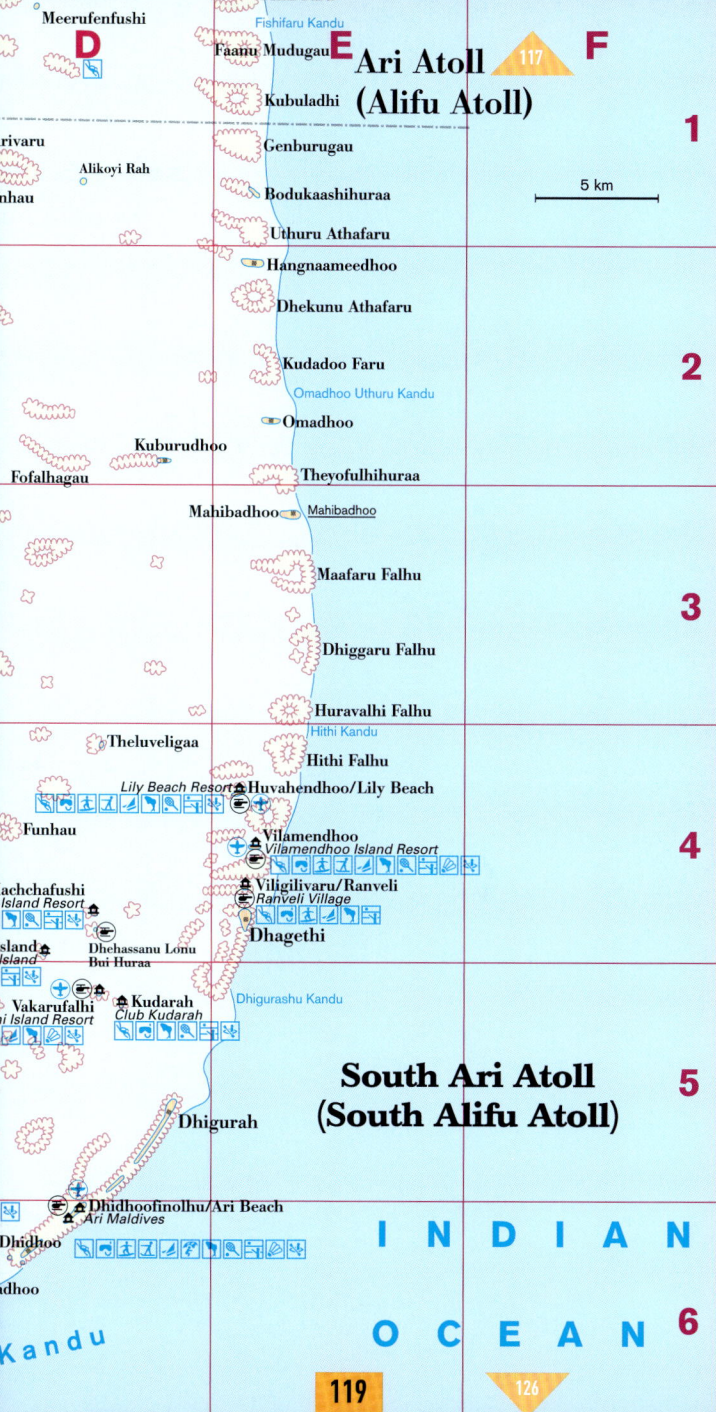

Meerufenfushi

D

rivaru

Alikoyi Rah

nhau

Kubuladhi

Genburugau

Bodukaashihuraa

5 km

Uthuru Athafaru

Hangnaameedhoo

Dhekunu Athafaru

Kudadoo Faru

2

Omadhoo Uthuru Kandu

Omadhoo

Kuburudhoo

Fofalhagau

Theyofulhihuraa

Mahibadhoo Mahibadhoo

Maafaru Falhu

3

Dhiggaru Falhu

Huravalhi Falhu

Theluveligaa

Hithi Kandu

Hithi Falhu

Lily Beach Resort Huvahendhoo/Lily Beach

Funhau

Vilamendhoo

4

Vilamendhoo Island Resort

achchafushi
Island Resort

Viligilivaru/Ranveli

Ranveli Village

sland
Island

Dhehassanu Lonu
Bui Huraa

Dhagethi

Vakarufalhi

i Island Resort

Kudarah

Club Kudarah

Dhigurashu Kandu

South Ari Atoll (South Alifu Atoll)

5

Dhigurah

Dhidhoofinolhu/Ari Beach

Ari Maldives

Dhidhoo

adhoo

I N D I A N

O C E A N

6

Kandu

126

	A	B	C

1

No
Th
(H

Thuraakunu
Vagaaru
Uligamu
Innafinolhu
Madulu
Berinmadhoo
Gaamathikulhudhoo
Matheerah
Mulhadhoo
Hathifushi
Maafinolhu
Maafushi
Huvarafushi
Ihavandhippolhu Atoll
Ihavandhoo
Gallandhoo
Huvahandhoo
Huvahandhoo Kandu
Dhigu Faru

Gallandhoo Kandu

Dhidhdhoo
Dhidhdhoo
Maarandhoo
Dhonakulhi
Thakandhoo
Utheem
Mulidhoo
*Thakurufaar
Woodenpalae*

2

Highest natural point
Maadurii Faru
Faridhoo
Hod
Hodaidhoo
Naivaadhoo
Theefaridhoo
Finey
Rusfushi
Hirimaradhoo
Kanamana
Nellaidhoo
Nolhivaranfaru

Ruffushi Kanduolhi

Bodunaagoashi
Kuribi
Muiri
Nolhiv
Kudamuraidhoo
Kuburudhoo
Kulhudu
Milaa Faru
Kulhudh
Keylakuna
*Kulhudhuffe
Kanduolhi*

3

Adharan Faru
Kumundhoo
Vaikaradhoo
Muridhoouthuru Kandu
Vaikaramuraidhoo
Neykurendhoo
Maavaidhoo
*Maavaidhod
Kanduolhi*
Gonaa Faru
Kakai-ariyadhoo
Kanditeem
Neyo
Maamakunudhoo Atoll
Goidhoo
Noomara
Gonaafaru Kanduolhi
Innafushi
Makunudhoo
Fushifarurah

4

Dry Reef
Feydhoo
Farudhoru
Bileffahi
Foak
Edipparufushi
Madidho
Koshibee Kanduolhi
Gaakoshinbi
Madikuree

Naainfarufinolhu
Maroshi
Medhukuburudh
Gaagandu Faru

5

Hurasfaruhuraa
Kuredhi Kanduolhi
Kilissafaruhura
Kuda Faru
Dhigu Rah
Dhiguvelldhoo
Kee

Alifushi-Eththigili Atoll
Eththigili
Bolissa Faru
Gallaidhoo
Powell Islands
Alifushi
Dhigufaru Kandu
Dhigu Faru

North Maalhosmadulu Atoll

6

Kuran
Maadooni Faru
Vaadhoo
Dhathaa
Dhath
Maadoonifaru Kanduolhi
Digi Faru
Rasgetheemu

D　　　　　**E**　　　　　**F**

1

**nmathee Atoll
fu Atoll)**

Kelaa
Dhapper Kandu
Dhapparu
Filladhoo
✕ *Captain Pentalis 1963*
Maa Kanduolhi
aidhoo
Baarah
Baarashu Dekunukandu
animaadhoo Airport
maadhoo

I N D I A N

2

**South
Thiladhunmathee Atoll
(Haa-Dhaalu Atoll)**

**Thiladhunmathee-
Miladhunmadulu
Atoll**

3

O C E A N

Feevah
Nalandhoo
budhoo　Milandhoo
Narudhoo
Milandhoo Kandu
Maakadoodhoo

**North
Miladhunmadulu Atoll
(Shaviyani Atoll)**

4

abadhoo
Lhaimagu
Farukolhu
Funadhoo
Funadhoo
aidhoo　Kabaalifaru
Vagaru
Eriyadhoo
Eriyadhoo Kandu
Ekasdhoo
Maaugoodhoo
Kudalhaimendhoo

5

Bodulhaimendhoo
holhiyadhoo　Kalaidhoo
Bomasdhoo
Ekulhivaru　Burehifasdhoo　Kedhikulhudhoo
Kulhudhoo Kandu
anfaru　Huivani　Tholhendhoo
Kudafunafaru　Maalhendhoo
Kudafari　Landhoo
Orimasvaru
Kedhivaru　Maafunafaru
Felivaru
Fushivelavaru　Huvadhumaavvattaru
Vavathi　Orivaru　Lhohi　Maafaru

**South
Miladhunmadulu Atoll
(Noonu Atoll)**

6

North Maalhosmadulu Atoll

North Maalhosmadulu Atoll (Raa Atoll)

South Maalhosmadulu Atoll

South Maalhosmadulu Atoll (Baa Atoll)

Goidhoo Atoll

Maadooni Faru
Maadoonifaru Kanduolhi
Digi Faru
Kadoogadu
Ekurufushee Faru
Veyvah
Maanenfushi
Fuggiri
Bodu Kanduolhi
Uthurumaafaru
Huraa Kandu
Vaffushi
Tilin Faru
Dhinnaafushi
Bodu Faru
Bodufarufinolhu
Maashigiri
Kukulhudhoo Faru
Kukulhudhoo
Maafaruuthuru Kandu
Maa Faru

Kurama
Dhathaa
Dhath
Vaadhoo
Maave
Rasgetheemu
Agolhitheemu
Hulhudhuffaaru
Gaaudoodhoo
Ifuruuthuru Kandu
Ifuru
Ugulu
Ugoofaaru
Dhuvaafaru
Maakurathu
Kudakurathu
Rasmaadhoo
Innamaadhoo
Vandhoo
Kottefaru
Neyo
Iguraidhoo
Fainu
Kinolhas
Boduhuraa

Faarafushi
Liboakandhoo
Maamigili
Ugoofaaru
Lundhufushi
Muravandhoo
Goyyafaru
Kothaifaru
Wakkaru
Dhigali
Ufulandhoo
Meedhupparu
Meedhupparu Island Resort

Fenfushi Faru
Maamunagaufinolhu
Huruvalhi
Viligili
Dhigufaru-vinagadu
Maarikilu
Kashidhoogiri
Boifushi
Kuda Kanduolhi
Maa Faru
Kendhoo
Ahivahfushi
Fares
Hani Kandu (Moresby Channel)
Centre
Gaagadufar
Bathalaa
Kadarikil
Milaidhoo
Finolhoss
Kihaadhoo
Mudhdhoo

Maahuruvalhi
Maavaru Kandu
Maa Faru
Viligili
Thulhaadhoo
Bodufinolhu
Horubadhoo/Royal Island
Royal Island
Anga Faru
Vakkaru
Muthaafushi
Dhunikolhu/Coco Palm Isl.
Coco Palm Resort & Spa
Hitaadhoo
Olhugiri
Kanifushi
Maa Maduvvari
Kudadhoo
Eydhafushi
Eydhafushi
Maadoo
Miriyandhoo
Kunfun
Sone

Fulhadhoo
Fehendhoo
Innafushi
Goidhoo
Maafushi
Fehenfushi
Kard
Ka

10 km

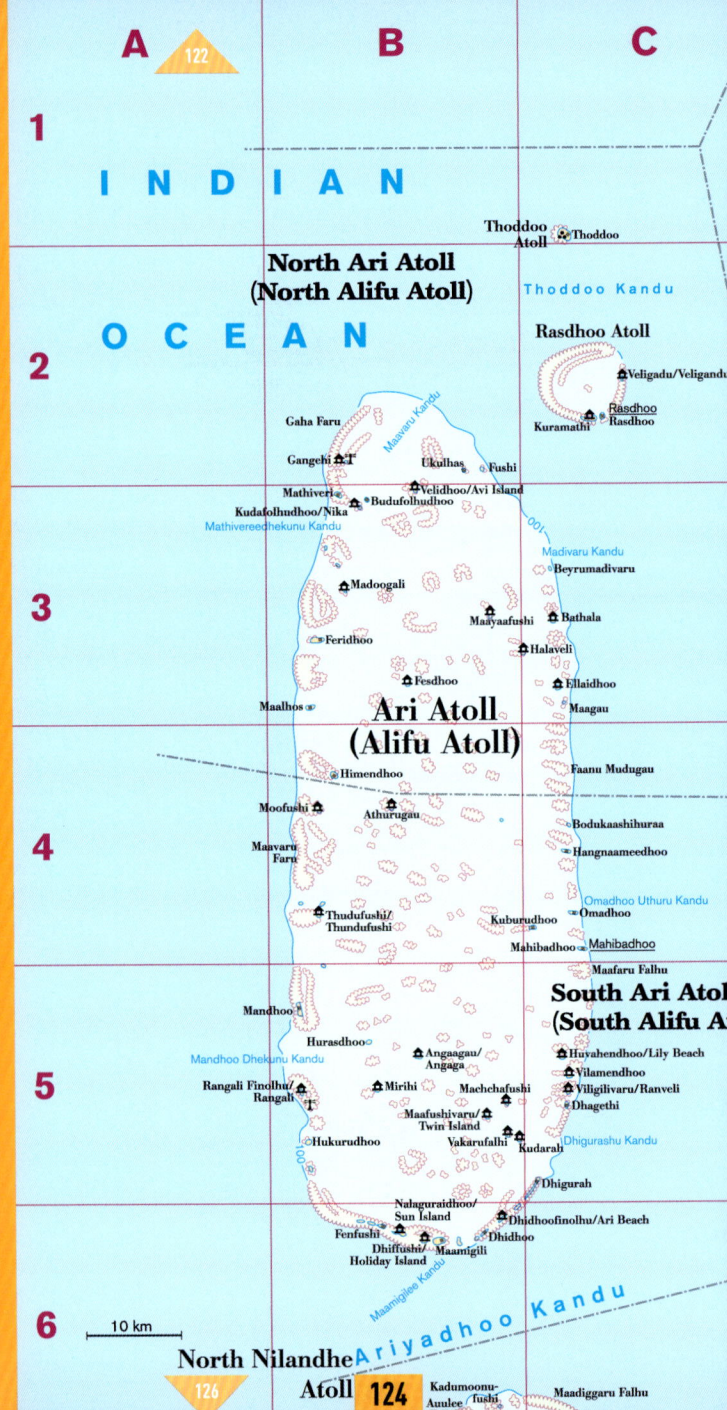

1

I N D I A N

O C E A N

2

**North Ari Atoll
(North Alifu Atoll)**

Thoddoo Atoll   Thoddoo

Thoddoo Kandu

Rasdhoo Atoll

Veligadu/Veligandu

Rasdhoo Rasdhoo

Kuramathi

Gaha Faru

Maavaru Kandu

Gangehi

Ukulhas   Fushi

Mathiveri

Velidhoo/Avi Island

Kudafolhudhoo/Nika   Budufolhudhoo

Mathivereedhekunu Kandu

Madivaru Kandu

Beyrumadivaru

3

Madoogali

Maayaafushi   Bathala

Feridhoo

Halaveli

Fesdhoo

Ellaidhoo

Maalhos

Maagau

**Ari Atoll
(Alifu Atoll)**

Himendhoo

Faanu Mudugau

Moofushi

Athurugau

Bodukaashihuraa

4

Maavaru Faru

Hangnaameedhoo

Omadhoo Uthuru Kandu

Omadhoo

Thudufushi/
Thundufushi

Kuburudhoo

Mahibadhoo

Mahibadhoo

Maafaru Falhu

**South Ari Atoll
(South Alifu At...**

Mandhoo

Hurasdhoo

Huvahendhoo/Lily Beach

Angaagau/
Angaga

Vilamendhoo

5

Mandhoo Dhekunu Kandu

Mirihi

Machchafushi

Viligilivaru/Ranveli

Rangali Finolhu/
Rangali

Dhagethi

Maafushivaru/
Twin Island

Hukurudhoo

Vakarufalhi   Kudarah

Dhigurashu Kandu

Dhigurah

Nalaguraidhoo/
Sun Island

Dhidhoofinolhu/Ari Beach

Fenfushi

Dhidhoo

Dhiffushi/
Holiday Island

Maamigili

Maamigilee Kandu

6

10 km

North Nilandhe

Ariyadhoo Kandu

Kadumoonu-
Aunlee Tushi
Falhu

Maadiggaru Falhu

Akirifushi

Helegeli/Helengeli

Eriyadhoo/
Eriyadu

1

Ziyaaraiyfushi/Summer Island
Makunudhoo

Medhi Finolhu/Reethi Rah
Madivaru

Hembadhoo/Taj Coral Reef

Asdhoo
Meerufenfushi/Meeru

North Male'
Atoll

Dhiffushi

Bodu Hithi

Kudahithi

Rasfari

Thulusdhoo/
Thulusdhoo

Casfinolhu/Mahureva

Huvafenfushi
Huvafenfushi Spa

Lohifushi
Kanifinolhu

2

Vabbinfaru/
Banyan Tree

Huraa
Kuda Huraa

Kodhipparu

Ihuru

Himmafushi
Kanu Huraa/Tari Island

Thulhaagiri

Lankanfushi/Hudhuveli
Lankanfinolhu/Paradise Island

Baros

Bandos

Bodubados

Kuda Watarru

Vihamanaafushi/
Kurumba

Bodu Kalhi

Furanafushi/Full Moon

Male' Atoll
Kaafu Atoll)

Giraavaru

Farukolhufushi/Faru

Dhoonidhoo
Funadhoo

Male' International Airport

Hulule

Viligili

MALE' 1

Vaadhoo Kandu

Velassaru/Laguna Beach
Vaadhoo/Vadoo

Bolifushi

Embudhu Finolhu/Taj Lagoon

Embudhu

3

South Male'
Atoll

Gulhi

Dhigufinolhu
Veligandu Huraa/Palm Tree Island

Vaagali

Boduhuraa

Maafushi
Maafushi

Biyaadhoo/Biyadhoo
Cocoa/Makunufushi

Rannaalhi
Viligilivaru

Kandoomaafus

Villivaru
Guraidhoo

Fihaalhohi

Bodufinolhu/Fun Island

Olhuveli

4

Mahaana Elhi Huraa/Rihiveli

Fulidhoo Kandu

Fulidhoo

Kunaa Vashi

Farukolhu Kandu

Kudhiboli

Dhiggiri
Dhiggiri Tourist Resort

Felidhoo Atoll
(Vaavu Atoll)

5

Fusfaruhuraa

Alimathaa
Alimathaa Aquatic Resort

Fotteyo Muli

Fussaru Falhu

Thinadhoo

Felidhoo
Felidhoo
Keyodhoo

Keyodhoo

Foththeyo-
bodufushi

Fotteyo
Falhu

Raggadu

6

Felidhoo
Atoll

Medhugiri

Giri Kandu

Hingaahuraa

*Pioneer
1958*

Rakeedhoo

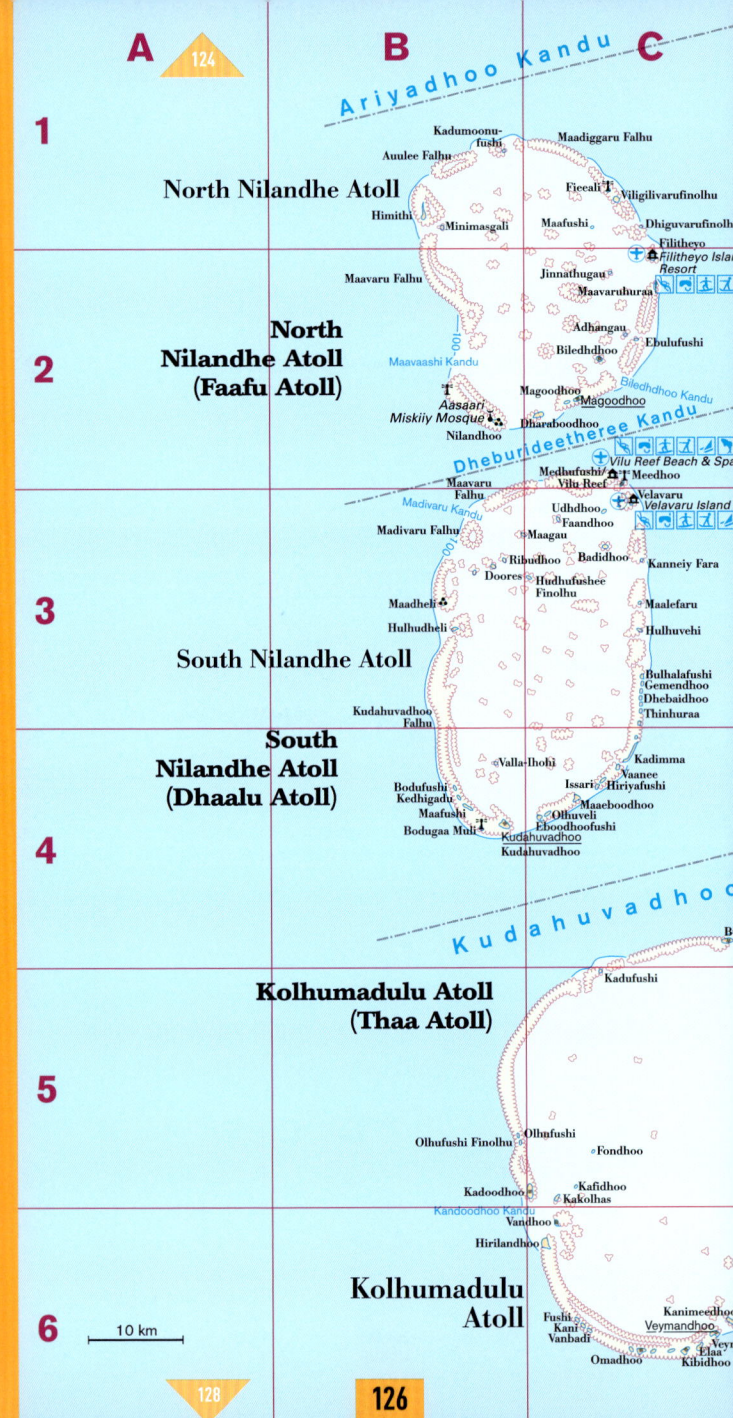

1

Ariyadhoo Kandu

Kadumoonu-fushi   Maadiggaru Falhu

Auulee Falhu

North Nilandhe Atoll

Himithi   Fieeali

Minimasgali   Maafushi

Viligilivarufinolhu

Dhiguvarufinolhu

Filitheyo

Filitheyo Island Resort

Maavaru Falhu   Jinnathugau

Maavaruhuraa

2   **North Nilandhe Atoll (Faafu Atoll)**

Adhangau

Biledhdhoo   Ebulufushi

Maavaashi Kandu

Magoodhoo   Magoodhoo

Aasaari Miskiiy Mosque

Dharaboodhoo

Biledhdhoo Kandu

Nilandhoo

Dheburudeetheree Kandu

Maavaru Falhu   Medhufushi   Vilu Reef Beach & Spa

Vilu Reef   Meedhoo

Madivaru Kandu   Velavaru

Velavaru Island

Udhdhoo

Faandhoo

Madivaru Falhu   Maagau

Ribudhoo   Badidhoo

Doores   Hudhufushee Finolhu   Kanneiy Fara

3

South Nilandhe Atoll

Maadheli   Maalefaru

Hulhudheli   Hulhuvehi

Bulhalafushi
Gemendhoo
Dhebaidhoo
Thinhuraa

Kudahuvadhoo Falhu

South Nilandhe Atoll (Dhaalu Atoll)

Valla-Ihohi

Kadimma

Bodufushi
Kedhigadu   Issari   Vaanee
Maafushi   Hiriyafushi
Bodugaa Muli   Olhuveli
Eboodhoofushi
Maaeboodhoo
Kudahuvadhoo
Kudahuvadhoo

4

Kudahuvadhoo

Kolhumadulu Atoll (Thaa Atoll)

Bu

Kadufushi

5

Olhufushi Finolhu   Olhufushi

Fondhoo

Kadoodhoo   Kafidhoo
Kakolhas

Kandoodhoo Kandu   Vandhoo

Hirilandhoo

Kolhumadulu Atoll

Kanimeedhoo

Fushi
Kani   Veymandhoo   Veym
Vanbadi   Elaa
Omadhoo   Kibidhoo

6   10 km

D **E**

Raggadu Keyodhoo **125** Fotteyo Falhu

Felidhoo Atoll Medhugiri

Gili Kandu Hingaahuraa × Pioneer 1958

Bodumohoraa

Rakeedhoo

1

Vattaru Falhu Vattaru Kandu

Vattarurah

Fenbofinolhu Gaahuraa

Dhiggaru Maduvvari

Raabandhihuraa Raiymandhoo Madifushi

Erruh-huraa

Uthuruboduveli Hurasveli

2

Mulaku Atoll

Boli Mula Veyvah

Muli Mulee Kandu

Muli

Medhufushi Island Resort Naalaafushi

Thuvaru Medhufushi

Hakuraa Huraa Seedhihuraa

Hakuraa Club Seedhihuraa Veligandu

Kekuraalhuveli

Kudausfushi **Mulaku Atoll**

Maausfushi **(Meemu Atoll)**

Kurali Haafushi

Kolhuvaariyaafushi

Kurali Kandu Dhiththudi

3

4

I N D I A N

Gurandhuvaru

Dhiffushi

Olhugiri

Vilufushi

Dhonanfushi

Kalhufahala-fushi

5

O C E A N

Ufuriyaa

Madifushi

Dhiyamigili Sultan Palace Ruins

Guraidhoo Kandu

Maalefushi Guraidhoo

Bodufinolhu

Thavaddoo

Gaadhiffushi

Usfushi

fushi

fushi

Veymandoo Kandu

6

1

I N D I A N   O C E A N

Veyman

Hadhdhunmathe
(Laamu

One and Half Degree Channel
(Huvadhoo Kandu)

Maadhiguvaru
Viligili Kandu
Kudalafari
Matu
Kaduviligili
Umaana 1903
Hithaadhoo
Maamutaa
Kolamaafushi
Lhossaa
Bodhufinolhu

North Huvadhoo Atoll
(Gaafu-Alifu Atoll)
Viligili   Viligili

3
Kendheraa Kandu
Kendheraa
Kooddoo
Fenfuttaa
Maamendhoo
Boaddoo
Dhigurah
Fulangi
Haguvillaa
Mattidhoo
Kuredhdhoo
Kisseerehaa
Nilandhoo
Dhaandhoo
Meradhoo Kandu
Hinaamaagalaa
Vodamulaa
Munandhoo
Meradhoo
Mahadhhoo
Dhevvamaagalaa
Funadhoo
Minimensaa
Dhevadhoo
Hirifushi
Dhigudhoo
Havoddaa
Baavanadhoo
Thinadhoo
Thinadhoo
Havodigalaa
Hagedhoo
Kodey
4 Kafenaa
Gosi
Hadahaa
Rahadhoo
Kodeymatheelaabadhoo
Dhiyadh
Kaadedhdhoo
⊕ *Kaadedhdhoo*
Airport
Maareh
Kaadedhdhoo Kandu
Geman
Madaveli
Konottaa
Kudafehela
Kudhe
Hoadedhdhoo
Biherehaa
Boduf
Kadevaarehaa
Maafehe
Ulegalaa
Bakeththaa
Innareha
Kaashihulhudou
Keremitta
Maagalaa
Kodegalaa
Kaduhulhudl
Thinehuttaa
Gahe Velagalaa
Vaadhuluku Kandu
Kaashidhoo
Menthandhoo
Olhurataa
Lonudhoo
Maavaarulaa
Maavedhdhoo
Kodghutigalla
Magudhdhvan
Gadhdhoo
Gadhdhoo
5 Nadallaa
Kanandhoo
Vashavarrehaa
Gazeeraa
Gan
Rathafandhoo
Kalherehaa
Boduhuttaa
Fiyoari
Vaadhoo
Dhigulaabaddhoo
Vaadhoo Kandu
Maathodaa
Boduhuttaa
Vaadhoo Kuda Kandu

South Huvadhoo Atoll
(Gaafu-Dhaalu Atoll)

I N D I A N

6 |—— 10 km ——|

O C E A N

Equator

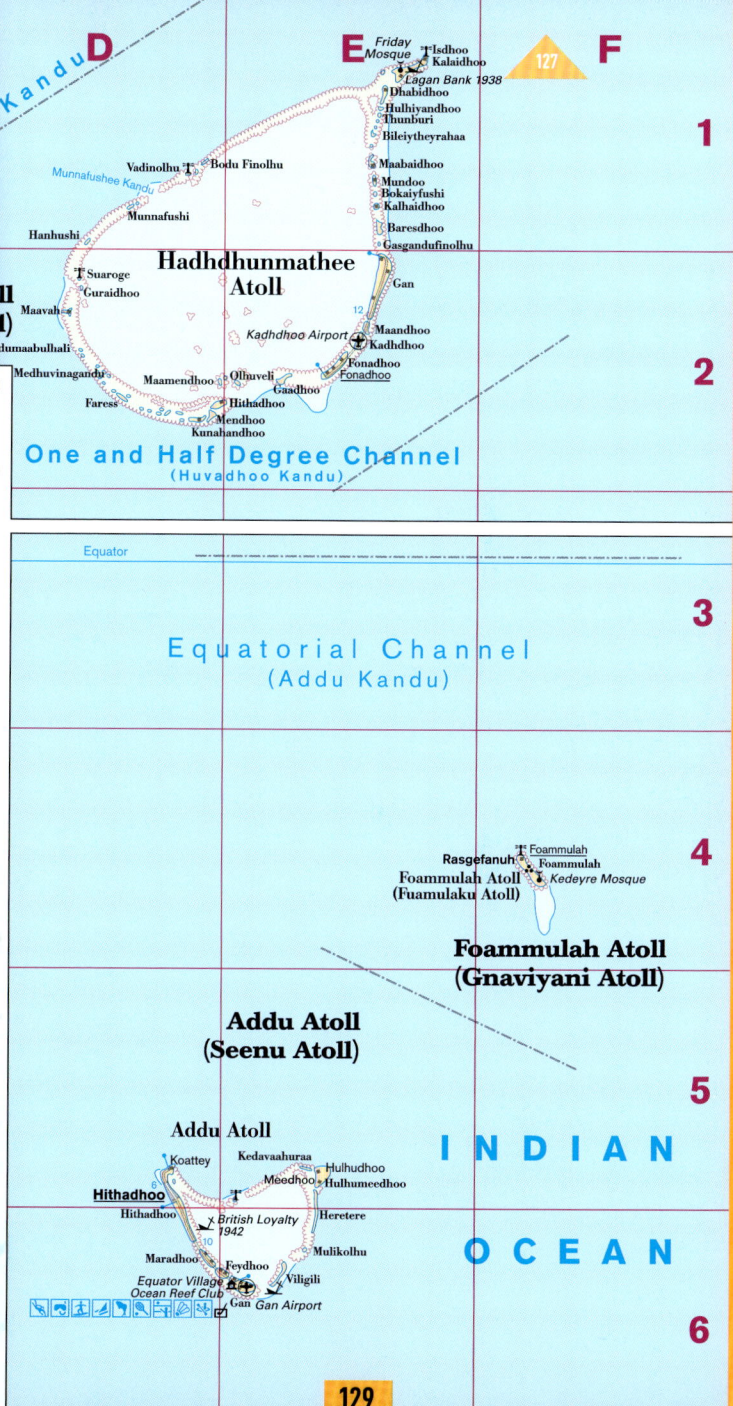

Kandu **D** **E** *Friday* Isdhoo **F**
Mosque Kalaidhoo
Lagan Bank 1938
Dhabidhoo
Hulhiyandhoo
Thunburi
Bileiytheyrahaa **1**

Munnafushee Kandu
Vadinolhu Bodu Finolhu
Maabaidhoo
Mundoo
Bokaiyfushi
Munnafushi Kalhaidhoo

Hanhushi
Baresdhoo
Gasgandufinolhu

Suaroge **Hadhdhunmathee**
Guraidhoo **Atoll** Gan
Maavah
12
dumaabulhali Maandhoo
Medhuvinagandhi *Kadhdhoo Airport* Kadhdhoo **2**
Olhuveli Fonadhoo
Maamendhoo Gaadhoo Fonadhoo
Faress Hithadhoo
Mendhoo
Kunahandhoo

One and Half Degree Channel
(Huvadhoo Kandu)

Equator

Equatorial Channel
(Addu Kandu) **3**

4
Foammulah
Rasgefanuh Foammulah
Foammulah Atoll Kedeyre Mosque
(Fuamulaku Atoll)

Foammulah Atoll
(Gnaviyani Atoll)

Addu Atoll
(Seenu Atoll) **5**

I N D I A N

Addu Atoll
Koattey Kedavaahuraa
Hulhudhoo
Meedhoo Hulhumeedhoo
Hithadhoo
Hithadhoo *British Loyalty* Heretere **O C E A N**
1942
Maradhoo Mulikolhu
Feydhoo
Equator Village Viligili
Ocean Reef Club
Gan *Gan Airport* **6**

Straße mit Kilometrierung		Tauchen		
Schifffahrtslinie		Schnorcheln		
MALE' Hauptstadt		Windsurfen		
Manadhoo Verwaltungssitz		Wasserski		
Verwaltungsgrenze		Katamaran		
Verkehrsflughafen		Segeln		
Regionaler Landeplatz, Flugplatz		Gleitschirmfliegen		
Hubschrauberlandeplatz		Fischen, Hochseeangeln		
Air Taxi (Wasserflugzeug)		Tennis		
Hotel, Touristresort		Volleyball		
Moschee		Badminton		
Moscheeruine		Kanufahren		
Ruinenstätte		Golfplatz		
Pyramide		Bewohnte Insel		
sonstiges Objekt		Insel		
Leuchtturm		Höhenangabe in Metern		
Wrack		Korallenriff		
Funkturm		Lagune		
Turm		100 m-Tiefenlinie		
Ausflüge & Touren				

Segeldhoni am Palmenstrand

REGISTER

In diesem Register sind alle in diesem Band erwähnten Inseln und Resorts (= Res., Island = Isl.) sowie wichtige Namen und Stichworte verzeichnet. Halbfette Seitenzahlen verweisen auf den Haupteintrag, kursive auf ein Foto.

SCHREIBEN SIE UNS!

Liebe Leserin, lieber Leser,

wir setzen alles daran, Ihnen möglichst aktuelle Informationen mit auf die Reise zu geben. Dennoch schleichen sich manchmal Fehler ein – trotz gründlicher Recherche unserer Autoren/innen. Sie haben sicherlich Verständnis, dass der Verlag dafür keine Haftung übernehmen kann.

Wir freuen uns aber, wenn Sie uns schreiben.

Senden Sie Ihre Post an die
MARCO POLO Redaktion,
MAIRDUMONT, Postfach 31 51,
73751 Ostfildern,
info@marcopolo.de

IMPRESSUM

Titelbild: Strand/Blumenkette (Getty Images/Photographer's Choice RF: Stock)
Fotos: Angsana Resort & Spa Maldives Velavaru (13 o.); Banyan Tree Maldives Vabbinfaru (13 u.); Banyan Tree Spa Maldives (15 o.); Baros Maldives (93 M.r., 93 M.l., 93 u.r.); Conrad Maldives Rangali Island (14 u.); © fotolia.com: bilderbox (92 o.l.), Joerg Geldmacher (93 o.l.), Tatyana Nishko (15 u.), Pascal Perinell (92 u.r.), Jürgen Rode (15 M.), Luki Schelbi (92 M.l.); Getty Images/Photographer's Choice RF: Stock (1); H. Gstaltmayr (12 o., 48, 135); HB-Verlag: Kiedrowski/Schwarz (4 l., 73, 77); Huber: Puku (68), Spila (54/55), Schmid (22/23, 23, 66/67, 91); © iStockphoto.com: zinchik (92 M.r.); V. Janicke (8/9, 22), G. Jung (Klappe Mitte, 6/7, 42, 88/89); Lade: Binder (97), Dass (28/29), Fiedler (4 r.,), Sebastian (32); Laif: Hemispheres (62), Heuer (21, 24/25, 26, 27, 29, 30/31, 47, 51, 80/81, 86), Kirchner (39), Standl (41); Laif/Le Figaro Magazine: Frances (5); La Terra Magica: Lenz (2 l., 18, 35, 79, 98/99, 101); Mauritius: Thonig (131); H. Mielke: (Klappe links, 16/17, 28, 59, 94/95, 99, 110/111); MUSICinMALEDIVES.com: Obofili (12 u.); Ocean-Pro Maldives: Klaus Dingeldein (14 o.); Okapia: Amsler (65), Bernhard (2 r, 71), Grzimek (45), Pölzer (3 r.), Reinhard (56); Picture Alliance: Wallenstein (58); Schapowalow: Brooke (74); P. Spierenburg (Klappe rechts, 3 l., 3 M., 11, 34, 53, 61, 82, 85, 98); Steffens: Bauer (37);

9., aktualisierte Auflage 2009

© MAIRDUMONT GmbH & Co. KG, Ostfildern
Chefredaktion: Michaela Lienemann, Marion Zorn
Autor: Heiner F. Gstaltmayr; Redaktion: Jochen Schürmann
Programmbetreuung: Cornelia Bernhart, Jens Bey; Bildredaktion: Barbara Schmid, Gabriele Forst
Szene/24h: wunder media, München
Kartografie Reiseatlas: © MAIRDUMONT, Ostfildern
Innengestaltung: Zum goldenen Hirschen, Hamburg; Titel/S. 1–3: Factor Product, München
Sprachführer: in Zusammenarbeit mit Ernst Klett Sprachen GmbH, Stuttgart, Redaktion PONS Wörterbücher

FÜR IHRE NÄCHSTE REISE

gibt es folgende MARCO POLO Titel:

DEUTSCHLAND
Allgäu
Amrum/Föhr
Bayerischer Wald
Berlin
Bodensee
Chiemgau/Berchtes-
 gadener Land
Dresden/Sächsische
 Schweiz
Düsseldorf
Eifel
Erzgebirge/Vogtland
Franken
Frankfurt
Hamburg
Harz
Heidelberg
Köln
Lausitz/Spreewald/
 Zittauer Gebirge
Leipzig
Lüneburger Heide/
 Wendland
Mark Brandenburg
Mecklenburgische
 Seenplatte
Mosel
München
Nordseeküste
 Schleswig-
 Holstein
Oberbayern
Ostfriesische Inseln
Ostfriesland/
 Niedersachsen/
 Helgoland
Ostseeküste
 Mecklenburg-
 Vorpommern
Ostseeküste
 Schleswig-
 Holstein
Pfalz
Potsdam
Rheingau/
 Wiesbaden
Rügen/Hiddensee/
 Stralsund
Ruhrgebiet
Schwäbische Alb
Schwarzwald
Stuttgart
Sylt
Thüringen
Usedom
Weimar

ÖSTERREICH |
SCHWEIZ
Berner Oberland/
 Bern
Kärnten
Österreich
Salzburger Land

Schweiz
Tessin
Tirol
Wien
Zürich

FRANKREICH
Bretagne
Burgund
Côte d'Azur/
 Monaco
Elsass
Frankreich
Französische
 Atlantikküste
Korsika
Languedoc-
 Roussillon
Loire-Tal
Normandie
Paris
Provence

ITALIEN | MALTA
Apulien
Capri
Dolomiten
Elba/Toskanischer
 Archipel
Emilia-Romagna
Florenz
Gardasee
Golf von Neapel
Ischia
Italien
Italienische Adria
Italien Nord
Italien Süd
Kalabrien
Ligurien/
 Cinque Terre
Mailand/Lombardei
Malta/Gozo
Oberital. Seen
Piemont/Turin
Rom
Sardinien
Sizilien/
 Liparische Inseln
Südtirol
Toskana
Umbrien
Venedig
Venetien/Friaul

SPANIEN |
PORTUGAL
Algarve
Andalusien
Barcelona
Baskenland/Bilbao
Costa Blanca
Costa Brava
Costa del Sol/Granada
Fuerteventura
Gran Canaria

Ibiza/Formentera
Jakobsweg/Spanien
La Gomera/El Hierro
Lanzarote
La Palma
Lissabon
Madeira
Madrid
Mallorca
Menorca
Portugal
Sevilla
Spanien
Teneriffa

NORDEUROPA
Bornholm
Dänemark
Finnland
Island
Kopenhagen
Norwegen
Schweden
Südschweden/
 Stockholm

WESTEUROPA |
BENELUX
Amsterdam
Brüssel
Dublin
England
Flandern
Irland
Kanalinseln
London
Luxemburg
Niederlande
Niederländische
 Küste
Schottland
Südengland

OSTEUROPA
Baltikum
Budapest
Estland
Kaliningrader
 Gebiet
Lettland
Litauen/Kurische
 Nehrung
Masurische Seen
Moskau
Plattensee
Polen
Polnische Ostsee-
 küste/Danzig
Prag
Riesengebirge
Russland
Slowakei
St. Petersburg
Tschechien
Ungarn
Warschau

SÜDOSTEUROPA
Bulgarien
Bulgarische
 Schwarzmeerküste
Kroatische Küste/
 Dalmatien
Kroatische Küste/
 Istrien/Kvarner
Montenegro
Rumänien
Slowenien

GRIECHENLAND |
TÜRKEI | ZYPERN
Athen
Chalkidiki
Griechenland
 Festland
Griechische
 Inseln/Agäis
Istanbul
Korfu
Kos
Kreta
Peloponnes
Rhodos
Samos
Santorin
Türkei
Türkische Südküste
Türkische Westküste
Zakinthos
Zypern

NORDAMERIKA
Alaska
Chicago und
 die Großen Seen
Florida
Hawaii
Kalifornien
Kanada
Kanada Ost
Kanada West
Las Vegas
Los Angeles
New York
San Francisco
USA
USA Neuengland/
 Long Island
USA Ost
USA Südstaaten/
 New Orleans
USA Südwest
USA West
Washington D.C.

MITTEL- UND
SÜDAMERIKA
Argentinien
Brasilien
Chile
Costa Rica
Dominikanische
 Republik

Jamaika
Karibik/
 Große Antillen
Karibik/
 Kleine Antillen
Kuba
Mexiko
Peru/Bolivien
Venezuela
Yucatán

AFRIKA |
VORDERER
ORIENT
Ägypten
Djerba/
 Südtunesien
Dubai/Vereinigte
 Arabische Emirate
Israel
Jerusalem
Jordanien
Kapstadt/
 Wine Lands/
 Garden Route
Kenia
Marokko
Namibia
Qatar/Bahrain/
 Kuwait
Rotes Meer/Sinai
Südafrika
Tunesien

ASIEN
Bali/Lombok
Bangkok
China
Hongkong/
 Macau
Indien
Japan
Ko Samui/
 Ko Phangan
Malaysia
Nepal
Peking
Philippinen
Phuket
Rajasthan
Shanghai
Singapur
Sri Lanka
Thailand
Tokio
Vietnam

INDISCHER
OZEAN |
PAZIFIK
Australien
Malediven
Mauritius
Neuseeland
Seychellen
Südsee

> UNSER AUTOR

MARCO POLO Insider Heiner F. Gstaltmayr im Interview

Heiner F. Gstaltmayr lebt auf der Schwäbischen Alb, wenn er nicht gerade zu Recherchen irgendwo in der Welt unterwegs ist.

Wieso schreiben Sie über die Malediven?

Ich versuche, die menschliche und damit auch meine eigene Sehnsucht nach dem Phänomen „Insel" zu beschreiben. Für mich sind die Malediven der perfekte Rückzugsort, um die Seele baumeln zu lassen. Wenn ich es könnte, würde ich als Robinson auf einer maledivischen Insel leben wollen. Na ja, ein paar Annehmlichkeiten sollten schon vorhanden und der Kontakt zur Welt drumherum sollte schon noch da sein.

Wie haben Sie die Malediven entdeckt?

Eigentlich eher durch Zufall nach einer Reise durch Südindien, das war 1981. Ich hatte noch eine Woche Zeit, stand am Flughafen und sah dort einen Schalter der Air Maldives. Kurz entschlossen kaufte ich mir ein Ticket und flog nach Male'. Es war der Beginn einer großen Liebe – auch wenn es damals nur Salzwasserduschen gab. Das waren noch die ziemlich ursprünglichen Malediven.

Wie oft sind Sie auf den Malediven?

Leider nur etwa ein-, zweimal im Jahr. Aber immer dann, wenn ich das Gefühl habe, abtauchen zu müssen oder – im wahrsten Sinn des Wortes – reif für die Insel zu sein. Mittlerweile habe ich 20 maledivische Einreisestempel in meinem Reisepass ...

Was machen Sie beruflich?

Ich bin seit 20 Jahren freier Journalist und schreibe vorzugsweise über asiatische Länder für deutschsprachige Reiseführerverlage, hin und wieder auch für namhafte Reisemagazine.

Was tun Sie in Ihrer Freizeit?

Ich koche sehr gerne; meine thailändischen Gerichte sind auch bei meinen Freunden beliebt. In Asien gehe ich deshalb auch gerne auf Märkte, um Gewürze einzukaufen.

Mögen Sie die maledivische Küche?

Fisch sollte man dort essen, wo er frisch auf den Tisch kommt. Und da bieten die Malediven eine reichhaltige Auswahl. Gegrillter Thunfisch schmeckt einfach köstlich, und wenn ich ihn auch noch selbst gefangen habe, steigert das den Genuss. Mein Favorit sind Hühnergerichte, die auf vielen Inseln von indischen Köchen gekocht werden. Kulinarisches Highlight ist für mich ein richtig scharfes Chickencurry.

Was packen Sie ein, wenn Sie auf die Malediven fahren?

Am liebsten nur ein paar T-Shirts und kurze Hosen, natürlich auch eine Badehose. Und dann ein paar Bücher, die ich schon lange lesen wollte.

> BLOSS NICHT!

Souvenirs aus dem Meer mitnehmen

Klar: Wenn man von den Malediven zurückkehrt, will man etwas mitbringen. Aber muss es ein Schmuckstück aus Schwarzer Koralle sein? Oder ein Döschen mit Deckel aus Schildpatt? Denken Sie daran, dass jedes dieser „Andenken" den Reichtum des Meeres zerstört. Überdies sind die Kontrollen bei der Ausreise sehr streng. Wer mit Souvenirs aus Schildpatt oder Schwarzer Koralle erwischt wird, ist die Andenken los und muss mit einer Strafe rechnen. Dasselbe gilt auch für die Wiedereinreise in die EU, wenn es sich bei den Andenken um geschützte Tiere oder Pflanzen handelt.

Korallen „pflücken"

Vorsicht daher auch beim Schnorcheln: Durch unachtsames Betreten werden die sehr empfindlichen Korallenbänke zerstört. Dass es verantwortungslos wie auch strafbar ist, Korallen zu „pflücken", sollte man umweltbewussten Besuchern nicht sagen müssen.

Religiöse Gefühle verletzen

Etwas gegen den Islam zu sagen, kann verhängnisvolle Wirkung haben. Allah hat immer Recht, besonders auf den Malediven, wo die Lehre des Propheten Staatsreligion ist. Schon so mancher Besucher fand sich unversehens vor einem Schnellgericht wieder – und wurde ohne viel Federlesens abgeschoben. Ähnliches gilt auch für negative Äußerungen über die Regierungsverhältnisse.

Langfingern Gelegenheit geben

Es empfiehlt sich, die an den Hotelrezeptionen vorhandenen Safes für Wertsachen zu benutzen. Die Regierung der Malediven greift zwar hart gegen Straftäter durch: zum Beispiel mit einer lebenslänglichen Verbannung auf eine der unbewohnten Inseln. Nicht zuletzt deshalb sind die Malediven ein sicheres Reiseland. Trotzdem: Passen Sie auf Ihre Sachen auf, Gelegenheit macht Diebe!

Auf Nepp reinfallen

Wenn man nicht auf der Stelle in einem Souvenirshop landen will, sollte man in Male' die Angebote, die einem Einheimische unmittelbar nach der Ankunft im Dhoni-Hafen machen, höflich, aber bestimmt zurückweisen. Manche bieten zuerst eine kostenlose Stadtführung an. Rein zufällig kommt man dann an einem Andenkengeschäft vorbei. Im überhöhten Preis für die angebotenen Souvenirs ist das Honorar für die Stadtführung dann auch gleich enthalten.

Sand mitnehmen

Nur ein bisschen Sand als Souvenir? Stellen Sie sich mal vor, jeder der rund 475 000 Besucher nimmt nur 100 g Sand vom Strand mit. Das wären hochgerechnet 47,5 Tonnen des Materials, das von der Natur in jahrhundertelanger Arbeit produziert wurde. Deshalb: Lassen Sie doch den Sand, wo er hingehört, auf den Malediven.